Marie-Ange Unbekandt

Recettes latinos

Un ouvrage dirigé par Thierry Roussillon

FIRST
Editions

ISBN 2-75400-219-7
Dépôt légal : 2e trimestre 2006
Imprimé en Italie
Conception couverture : Bleu T

Design graphique : Georges Brevière

Nous nous efforçons de publier des ouvrages qui correspondent à vos attentes et votre satisfaction est pour nous une priorité.
Alors, n'hésitez pas à nous faire part de vos commentaires à :

Éditions Générales First
27, rue Cassette, 75006 Paris
Tél : 01 45 49 60 00
Fax : 01 45 49 60 01
e-mail : firstinfo@efirst.com

Introduction

Imaginez des repas sans tomate, sans pomme de terre, sans poivron, sans dinde, sans maïs, sans avocat… Des desserts sans vanille, sans chocolat ! Inconcevable, n'est-ce pas ? Pourtant, si Christophe Colomb n'avait pas découvert l'Amérique, tous ces merveilleux produits ne seraient jamais arrivés jusqu'à votre assiette !

Si la colonisation de l'Amérique a permis à l'Europe d'enrichir sa cuisine de nouvelles saveurs, elle a également révolutionné la cuisine du Nouveau Monde, en lui faisant connaître de nouvelles techniques de cuisson et de nouveaux produits.

Des conquistadors espagnols et portugais, l'Amérique a adopté le blé, le riz, l'ail, l'oignon, le porc, le bœuf ; des esclaves africains : la canne à sucre, le café, ou encore l'huile de palme. Les patrimoines culinaires précolombiens, européens et africains se sont ainsi mêlés peu à peu pour donner naissance à la cuisine latino-américaine telle que nous la connaissons aujourd'hui : une cuisine métissée, colorée et épicée, parfois étonnante mais toujours savoureuse.

La cuisine latino-américaine est également

très riche et variée, à l'image des pays qui la composent.

Ainsi, si sous le soleil de Bahia on aime déguster des plats aux accents africains, qui font la part belle au lait de coco, à l'huile de palme ou aux noix de cajou, à 4 000 mètres d'altitude, sur l'Altiplano péruvo-bolivien, la cuisine se fait plus roborative, et le repas se résume souvent à un plat unique et copieux, à base de pomme de terre ou de quinoa.

En Argentine, on savoure la meilleure viande du monde, simplement grillée à la parrillada, tandis qu'au Mexique, les tortillas, fines galettes de maïs ou de blé, servent de support à de multiples recettes… de quoi satisfaire tous les goûts et tous les appétits !

•

BATIDA DE CÔCO (Brésil)

1 verre **Préparation : 5 min**

3 cl de cachaça • 13 cl de lait de coco • 4 cl de lait concentré sucré • glace pilée • 1 pincée de noix de coco râpée

Réalisation

Frappez tous les ingrédients, exceptée la noix de coco râpée, dans un shaker. Versez dans un verre, et saupoudrez de noix de coco râpée.

Bon à savoir : la cachaça, tout comme le rhum agricole, est une eau-de-vie de jus de canne à sucre. Même si sa teneur en alcool est légèrement plus faible que celle du rhum (40° en moyenne, contre 55° pour le rhum agricole), elle reste à consommer avec modération !

CAIPIRINHA (Brésil)

1 verre **Préparation : 5 min**

6 cl de cachaça • 2 citrons verts • 1 à 2 cuil. à soupe de sucre en poudre • glace pilée

Réalisation

Lavez les citrons verts, coupez-les en quatre et retirez les pépins. Versez les citrons dans un verre à whisky et écrasez-les à l'aide d'un pilon avec le sucre en poudre pour en extraire le jus. Ajoutez la glace pilée, puis versez la cachaça.

MARGARITA (Mexique)

1 verre **Préparation : 5 min**

4 cl de tequila • 4 cl de liqueur d'orange (triple sec ou cointreau) • 4 cl de jus de citron vert • 1 trait de sirop de canne à sucre (facultatif) • sel fin • glaçons

Réalisation

Givrez le bord d'une coupe en le frottant avec une rondelle de citron vert, puis en le trempant dans du sel fin. Frappez la tequila, la liqueur d'orange, le jus de citron et les glaçons dans un shaker, en ajoutant, si vous le souhaitez, un trait de sirop de canne à sucre, puis versez dans la coupe.

MOJITO (Cuba)

1 verre **Préparation : 5 min**

6 cl de rhum • 2 cl de jus de citron vert • 1 cuil. à soupe de sucre en poudre • 4 branches de menthe fraîche • eau gazeuse • glace pilée

Réalisation

Écrasez les feuilles de menthe dans un mortier avec le sucre et le jus de citron. Versez le tout dans un verre haut, puis ajoutez le rhum et la glace pilée. Mélangez et complétez avec de l'eau gazeuse.

PISCO SOUR (Pérou, Chili)

1 verre **Préparation : 5 min**

4,5 cl de pisco • 1,5 cl de jus de citron vert • 3 cl de sirop de canne • 1 blanc d'œuf • 2 glaçons • 1 ou 2 gouttes d'angustura

Réalisation

Rassemblez tous les ingrédients dans le mixeur, excepté l'angustura, et mixez pendant 10 à 15 secondes. Versez dans des coupes et ajoutez une ou deux gouttes d'angustura à la surface de la mousse.

Bon à savoir : le pisco est une eau-de-vie de raisin, titrant entre 40° et 45°, très populaire au Chili et au Pérou.

PIÑA COLADA (Porto Rico)

1 verre **Préparation : 5 min**

4 cl de rhum blanc • 12 cl de jus d'ananas • 2 cl de lait de coco • 2 cl de crème • 1 trait de sirop de canne à sucre • glace pilée • 1 cerise confite (facultatif) • 1 tranche d'ananas (facultatif)

Réalisation

Frappez tous les ingrédients dans un shaker. Servez dans un verre tulipe dont vous aurez décoré le bord avec une fine tranche d'ananas et une cerise confite.

Bon à savoir : la piña colada (que l'on pourrait traduire par « ananas pressé ») a été inventée le 15 août 1954 par Don Ramon Monchito Marrero, un barman de l'hôtel Hilton à San Juan (Porto Rico). Sacré boisson nationale de Porto Rico en 1978, ce cocktail est aujourd'hui l'un des plus célèbres et appréciés au monde.

TEQUILA CON SANGRITA (Mexique)

1 litre environ **Préparation : 15 min Repos : 2 h**

1 kg de tomates • 3 oranges • 2 citrons verts • 1 petit oignon • 75 g de sucre • 4 piments • 1/2 cuil. à café de sel • tequila

Réalisation

Préparez la sangrita : coupez les tomates en quatre. Pressez les agrumes. Fendez les piments en deux et retirez les graines. Pelez et émincez l'oignon. Dans le bol du robot, mixez les tomates, l'oignon et les piments avec le jus d'orange et de citron, le sucre et le sel. Passez le mélange au chinois, et réfrigérez pendant au moins 2 heures.

Prenez deux petits verres à liqueur : versez la sangrita bien froide dans l'un, et la tequila dans l'autre. Faites suivre chaque gorgée de tequila d'une gorgée de sangrita.

CAMARONES AL MOJO DE AJO
GAMBAS À L'AIL (Mexique)

6 pers. **Préparation : 15 min Cuisson : 10 min**

24 grosses gambas crues • 150 g de beurre mou • 2 têtes d'ail • 3 citrons verts • sel, poivre

Réalisation

Préchauffez le four à 240 °C (th. 8). Rincez les gambas sous un filet d'eau froide, égouttez-les et épongez-les. Placez-les dans un plat et enduisez-les de beurre mou. Salez et poivrez. Épluchez les gousses d'ail, retirez le germe et émincez la pulpe très finement. Versez l'ail sur les gambas et enfournez pour 10 minutes. Servez chaud, avec des citrons verts coupés en quatre.

CEBICHE DE CAMARONES
CEBICHE DE CREVETTES (Équateur)

4 pers. **Prép. : 30 min Cuisson : 2 min Macération : 30 min**

1 kg de petites gambas crues • 10 citrons verts • 1 orange • 6 tomates • 1 oignon rouge • 4 cuil. à soupe d'huile d'olive • 1 cuil. à soupe de feuilles de coriandre ciselée • sauce aux piments (type Tabasco), à doser selon les goûts • sel, poivre blanc du moulin

Réalisation

Enlevez la tête et la carapace des gambas, puis retirez le boyau central en leur incisant le dos. Plongez les gambas dans une casserole d'eau bouillante salée et faites-les cuire pendant 2 minutes. Rafraîchissez-les en les plongeant dans un bol d'eau glacée, puis égouttez-les et épongez-les. Réservez au frais. Épluchez l'oignon. Coupez-le très finement en demi-lunes, puis séparez les anneaux. Ébouillantez les tomates, rafraîchissez-les avant de les peler et de les épépiner, puis coupez-les en petits dés. Pressez les citrons verts et l'orange et versez leur jus dans un saladier. Ajoutez la sauce aux piments, les tomates, l'huile, salez, poivrez et mélangez intimement. Ajoutez l'oignon, la coriandre et enfin les gambas. Mélangez. Recouvrez le saladier de film alimentaire, et placez-le au frais pour 30 minutes. Servez le cebiche de camarones dans des coupes.

Bon à savoir : le cebiche est une manière de préparer poissons et fruits de mer bien particulière. C'est en effet l'acidité des agrumes qui leur permet de « cuire » lentement, loin de toute source de chaleur. On retrouve ce plat dans toutes les régions de la côte pacifique, mais sa recette varie quelque peu selon les pays. Le plus souvent, les cebiches équatorien et mexicain comportent de la tomate, parfois de l'avocat, et se dégustent dans des coupes, à la petite cuillère. Le cebiche péruvien s'accompagne de patates douces et d'épis de maïs et constitue souvent à lui seul un repas à part entière.

CEBICHE DE PESCADO
CEBICHE DE POISSON (Pérou)

6 pers. **Prép. : 40 min Cuisson : 25 min Macération : 2 à 3 h**

1 kg de filets de poisson blanc à chair ferme, sans peau ni arêtes, très frais • 20 citrons verts • 2 oignons rouges • 2 piments verts frais • 3 patates douces • 3 épis de maïs • 2 cuil. à soupe de feuilles de coriandre ou de persil ciselées • 6 grandes feuilles de laitue • sel, poivre blanc du moulin

Réalisation

Épluchez les oignons, coupez-les très finement en demi-lunes, puis séparez les anneaux. Pressez les citrons verts. Coupez la queue des piments verts et fendez-les en deux dans le sens de la longueur. Retirez les graines et les côtes blanchâtres, puis détaillez-les en fines lanières. Réservez. Rincez le poisson sous un filet d'eau froide, puis épongez-le soigneusement et coupez-le en petits cubes. Versez un filet de jus de citron au fond d'un plat en Pyrex ou en céramique, large mais peu profond. Disposez les cubes de poisson, côte à côte, salez et poivrez. Arrosez chaque cube de poisson de jus de citron. Recouvrez le poisson avec le piment et l'oignon. Salez, poivrez et versez le reste du jus de citron. Le poisson doit être maintenant entièrement recouvert de jus de citron vert. Recouvrez le plat d'une feuille de plastique alimentaire, et placez-le au réfrigérateur pendant 2 à 3 heures. Le poisson aura suffisamment mariné lorsqu'il sera blanc et opaque.

Faites cuire les patates douces dans une casserole d'eau bouillante jusqu'à ce qu'elles soient parfaitement tendres. Égouttez-les puis épluchez-les et coupez-les en deux. Débarrassez les épis de maïs de leur gaine de feuilles et coupez-les en tronçons d'environ 4 cm. Plongez-les dans une casserole d'eau bouillante, et faites-les cuire pendant une dizaine de minutes.

Pour servir, placez une feuille de laitue sur chaque assiette, et placez au creux de chacune d'elle une portion de poisson, d'oignons et de piments verts parfaitement égouttés. Saupoudrez de feuilles de coriandre ou de persil ciselées. Garnissez avec un morceau de patate douce et quelques tronçons de maïs.

CHAUCHAS A LA CALABRESA SALADE DE HARICOTS VERTS À LA CALABRESA (Argentine)

6 pers. **Préparation : 15 min Cuisson : 15 min**

700 g de haricots verts, frais ou surgelés • 4 gousses d'ail • 6 filets d'anchois à l'huile • 12 tranches de jambon cru • 1 cuil. à soupe d'origan séché • 1 pincée de piment de Cayenne moulu • huile d'olive

Réalisation

Équeutez les haricots verts et faites-les cuire à l'eau ou à la vapeur. Ils doivent rester croquants. Sitôt cuits, plongez-les dans l'eau glacée pour les garder bien verts, puis égouttez-les. Épluchez les gousses d'ail, enlevez le germe et émincez la pulpe. Égouttez les filets d'anchois et coupez-les en quatre. Faites chauffer un filet d'huile d'olive dans une sauteuse et faites rapidement revenir l'ail, puis ajoutez les anchois, l'origan et le piment. Enfin, ajoutez les haricots verts et mélangez. Servez les haricots verts bien chauds, accompagnés de deux tranches de jambon cru par personne.

EMPANADAS DE CHAMPIÑONES Y QUESO / CHAUSSONS AUX CHAMPIGNONS ET AU FROMAGE (Argentine)

8 pièces env. **Préparation : 30 min Repos : 1 h Cuisson : 20 min**

500 g de farine • 100 g de beurre • 500 g de petits champignons de Paris • 300 g de fromage manchego • 1 cuil. à soupe de farine • 1 citron • 2 gousses d'ail • 1 cuil. à café d'origan séché • 30 g de beurre (pour la cuisson) • huile • sel, poivre

Réalisation

Préparez la pâte : versez la farine et 1/2 cuillerée à café de sel dans un saladier, puis incorporez le beurre coupé en petits morceaux en effritant le mélange avec vos doigts. Versez environ 25 cl d'eau peu à peu en malaxant la pâte avec vos mains : elle doit être souple et ne doit pas coller. Ramassez la pâte en boule puis enveloppez-la dans une feuille de plastique alimentaire et laissez-la reposer pendant 1 heure au réfrigérateur.

Pendant ce temps, préparez la farce : essuyez les champignons avec un torchon humide, puis coupez-les en quatre. Pelez les gousses d'ail, retirez le germe et émincez la pulpe finement. Faites

fondre le beurre dans une sauteuse, puis jetez-y les champignons et l'ail. Laissez cuire à découvert pendant une dizaine de minutes. Ajoutez l'origan. Râpez le fromage au-dessus des champignons, éteignez le feu et laissez refroidir.
Abaissez la pâte sur une épaisseur d'environ 3 mm sur un plan de travail légèrement fariné. À l'aide d'un emporte-pièce ou d'un bol, découpez des cercles d'environ 25 cm de diamètre. Déposez 1 à 2 cuillerées à soupe de farce au milieu de chaque cercle, en ménageant des bords d'environ 1,5 cm. Humectez légèrement les bords du cercle avec un peu d'eau. Pliez la pâte et scellez les bords en appuyant fortement. Enfin, formez un petit cordon en pinçant puis en retournant les bords de chaque empanada. Faites chauffer un bain d'huile à 180 °C. Plongez les empanadas, par deux ou trois, jusqu'à ce qu'elles soient bien dorées. Égouttez-les et déposez-les sur du papier absorbant pour éliminer l'excès d'huile. Servez bien chaud.

EMPANADAS DE PINO CHAUSSONS AU BŒUF (Chili)

8 pièces env. **Prép. : 30 min Repos : 1 h Cuisson : 45 min**

350 g de farine de blé • 150 g de beurre à température ambiante • environ 12 cl de lait • 500 g de viande de bœuf hachée • 2 gros oignons • 1 pincée de piment de Cayenne moulu • 2 œufs + 1 jaune • 30 g de raisins secs • 8 olives vertes • huile • sel, poivre

Réalisation

Préparez la pâte : versez la farine et 1/2 cuillerée à café de sel dans un saladier, puis incorporez le beurre coupé en petits morceaux en effritant le mélange avec vos doigts. Versez le lait peu à peu en malaxant la pâte avec vos mains : elle doit être souple, et ne doit pas coller. Ramassez la pâte en boule puis enveloppez-la dans une feuille de plastique alimentaire et laissez-la reposer pendant 1 heure au réfrigérateur.

Pendant ce temps, préparez la farce. Faites durcir les œufs. Épluchez et émincez finement les oignons. Faites chauffer un filet d'huile dans une poêle et faites-y revenir les oignons émincés. Quand ils commencent à blondir, ajoutez la viande hachée, le sel, le piment et les raisins secs. Prolongez la

cuisson une dizaine de minutes, jusqu'à ce que la viande soit parfaitement cuite. Rectifiez l'assaisonnement et laissez tiédir. Écalez les œufs durs et coupez-les en quatre dans le sens de la longueur. Réservez.
Préchauffez le four à 200 °C (th. 6-7). Abaissez la pâte sur une épaisseur d'environ 3 mm sur un plan de travail légèrement fariné. À l'aide d'un emporte-pièce ou d'un bol, découpez des cercles d'environ 25 cm de diamètre. Déposez 2 cuillerées à soupe de farce au milieu de chaque cercle, en ménageant des bords d'environ 1,5 cm. Ajoutez un quartier d'œuf, et une olive. Humectez légèrement les bords du cercle avec un peu d'eau. Pliez la pâte et scellez les bords en appuyant fortement. Enfin, formez un petit cordon en pinçant puis en retournant les bords de chaque empanada. Placez les empanadas sur une feuille de papier sulfurisé et, à l'aide d'un pinceau, dorez-les avec un peu de jaune d'œuf détendu d'eau. Enfournez pour 30 minutes.

ENSALADA A LA CHILENA
SALADE DE TOMATES À LA CHILIENNE
(Chili)

6 pers. **Préparation : 10 min Repos : 20 min**

6 tomates • 3 gros oignons blancs • 1 piment vert frais (facultatif) • 1 cuil. à soupe de feuilles de coriandre ciselées • 3 cuil. à soupe d'huile • 1 citron vert • sel

Réalisation

Épluchez les oignons et coupez-les en demi-lunes. Plongez-les dans l'eau froide pendant 15 à 20 minutes pour atténuer leur force, puis égouttez-les. Coupez les tomates en quatre. Coupez la queue du piment vert et fendez-le en deux dans le sens de la longueur, puis émincez-le finement. Dans un saladier, réunissez les tomates, les oignons, le piment et la coriandre. Pressez le citron vert. Assaisonnez avec l'huile, le jus de citron vert et du sel. Mélangez et servez.

ENSALADA DE POLLO CON PIÑA
SALADE DE POULET À L'ANANAS (Cuba)

6 à 8 pers. **Préparation : 25 min Repos : 1 h**

1 petit ananas d'environ 1,5 kg • 800 g de blanc de poulet cuit • 200 g de mayonnaise • 100 g de cacahuètes non salées • 2 branches de céleri • sel, poivre

Réalisation

Détaillez le blanc de poulet en dés. Concassez les cacahuètes. Lavez les branches de céleri, ôtez la partie filandreuse des côtes, puis coupez-les en dés. Coupez l'ananas en deux dans le sens de la longueur, sans retirer le plumet. Évidez chaque moitié en prenant garde de ne pas percer l'écorce, et mettez-les au frais. Détaillez la pulpe de l'ananas en dés. Dans un saladier, réunissez les cacahuètes, les dés d'ananas, de poulet et de céleri. Ajoutez la mayonnaise, salez, poivrez puis mélangez. Réservez au frais pendant 1 heure. Remplissez les coques d'ananas avec la salade de poulet. Servez bien frais.

GUACAMOLE CON TOTOPOS
GUACAMOLE ET TORTILLA CHIPS
(Mexique)

6 pers. **Préparation : 15 min Cuisson : 5 min**

4 avocats bien mûrs • 1 oignon blanc • 3 cuil. à soupe de coriandre ciselée • 1/2 cuil. à café de sel • 2 tomates • 1 ou 2 petits piments verts frais • 2 cuil. à soupe de jus de citron vert • 20 tortillas de maïs • huile de friture

Réalisation

Préparez le guacamole : évidez les avocats et écrasez grossièrement la chair à la fourchette. Ajoutez le jus de citron, le sel et mélangez. Pelez l'oignon puis hachez-le très finement. Coupez la queue des piments verts et fendez-les en deux dans le sens de la longueur, puis émincez-les très finement. Ébouillantez les tomates, puis rafraîchissez-les avant de les peler, de les épépiner et de les détailler en petits dés. Rassemblez l'oignon, les piments, la coriandre, les tomates et la purée d'avocats dans un saladier. Mélangez intimement. Préparez les totopos : faites chauffer un bain d'huile à 180 °C. Coupez chaque tortilla en huit parts triangulaires. Plongez-les dans l'huile de friture, jusqu'à ce qu'elles soient bien dorées. Égouttez-les et placez-les sur du papier absorbant quelques minutes pour retirer l'excédent d'huile. Dégustez les avec le guacamole.

PAPA A LA HUANCAÍNA
POMME DE TERRE À LA HUANCAÍNA
(Pérou)

6 pers. **Préparation : 30 min Cuisson : 30 min**

1,2 kg de grosses pommes de terre à chair ferme • 250 g de piments verts frais • 1 oignon • 10 gousses d'ail • 650 g de fromage frais, ou de ricotta • 20 cl d'huile + 2 cuil. à soupe • 150 g de crackers grossièrement émiettés • 25 cl de lait concentré non sucré • 3 œufs durs • 3 olives noires dénoyautées • 6 grandes feuilles de laitue • sel

Réalisation

Faites cuire les pommes de terre à l'eau ou à la vapeur, puis pelez-les, coupez-les en trois, et laissez-les refroidir. Plongez les piments dans une casserole d'eau bouillante, et faites-les cuire pendant une quinzaine de minutes. Rafraîchissez-les puis retirez les queues, les graines et les côtes blanchâtres. Épluchez l'oignon et émincez-le finement. Épluchez les gousses d'ail, retirez le germe, puis écrasez la pulpe. Faites chauffer 2 cuillerées à soupe d'huile dans une poêle, et faites suer l'oignon et l'ail sans leur faire prendre coloration. Dans le bol du robot, rassemblez l'oignon, l'ail, le piment, le fromage, l'huile, le lait concentré, les crackers et le sel. Mixez jusqu'à obtention d'une sauce épaisse. Écalez les œufs durs puis coupez-les, ainsi que les olives noires, en quatre. Placez une feuille de laitue sur chaque assiette, et disposez quelques tronçons de pomme de terre en son centre. Nappez les pommes de terre de sauce et décorez avec les œufs durs et les olives. Servez froid.

Bon à savoir : cette entrée, typique de la région Huancayo au Pérou, est traditionnellement réalisée avec de l'ají amarillo, une variété de piment jaune que l'on trouve rarement en France. Nous l'avons substitué par du piment vert frais.

QUESADILLAS
TORTILLAS AU FROMAGE (Mexique)

10 pièces **Préparation : 5 min Cuisson : 15 min**

10 tortillas de blé ou de maïs •300 g de mozzarella

Réalisation

Réchauffez rapidement les tortillas dans une poêle à revêtement antiadhésif ou au micro-ondes pour les assouplir. Répartissez quelques tranches de mozzarella sur la moitié d'une tortilla. Pliez la tortilla en deux et placez-la dans la poêle, à feu doux, en l'aplatissant légèrement avec une spatule, jusqu'à ce que le fromage soit fondu. Ne prolongez pas la cuisson : la tortilla ne doit pas croustiller mais rester souple. Répétez l'opération jusqu'à épuisement des ingrédients. Dégustez avec du guacamole (recette p. 23), de la sauce pico de gallo (recette p. 124), ou de la sauce aux tomates vertes (recette p. 125).

SALADA DE PALMITO
SALADE DE CŒURS DE PALMIER (Brésil)

6 pers. **Préparation : 25 min**

440 g de cœurs de palmier en conserve, égouttés • 2 poivrons rouges • 1 piment vert • 1/2 oignon rouge • 2 cuil. à soupe de coriandre ciselée • 1 citron vert • 6 cl d'huile d'olive • sel, poivre

Réalisation

Détaillez les cœurs de palmier en tronçons. Détaillez les poivrons en fines lamelles. Retirez la queue du piment, fendez-le en deux puis retirez les graines et les côtes blanchâtres avant de l'émincer finement. Pelez et émincez l'oignon rouge en demi-lunes. Pressez le citron vert. Émulsionnez le jus de citron avec le sel, du poivre et l'huile d'olive. Dans un saladier réunissez les cœurs de palmiers, les poivrons, le piment, l'oignon rouge et la coriandre. Assaisonnez avec la vinaigrette.

TAMALES EN HOJAS DE PLÁTANO
PAINS DE MAÏS EN PAPILLOTE (Mexique)

15 tamales env. **Préparation : 1 h 15 min Cuisson : 1 h 30 min**

500 g de farine de maïs • 150 g de saindoux, à température ambiante • 2 cuil. à café de sel • environ 25 cl de bouillon de volaille • 1 sachet de levure chimique • 4 tomates • 2 piments verts, ou quelques gouttes de sauce pimentée • 400 g de viande de poulet, cuite • huile • 1 paquet de feuilles de bananier (épiceries exotiques) ou, à défaut, un rouleau de papier sulfurisé

Réalisation

Lavez les feuilles de bananier, puis coupez-les en carrés de 30 x 30 cm. Passez-les directement sur la flamme du gaz, ou plongez-les dans l'eau bouillante pendant une dizaine de minutes, pour les assouplir. Battez le saindoux jusqu'à ce qu'il blanchisse et double de volume. Ajoutez ensuite la farine de maïs, le sel, la levure chimique et le bouillon de volaille petit à petit, sans cesser de battre. La pâte doit avoir la consistance d'une purée épaisse. Plongez une petite boule de pâte dans un verre d'eau froide : si elle remonte à la surface, la pâte est prête. Si elle reste au fond du verre, continuez à battre.

Coupez la queue des piments verts et fendez-les en deux dans le sens de la longueur, puis retirez les graines et les côtes blanchâtres. Ébouillantez les tomates, rafraîchissez-les puis pelez-les et épépinez-les. Rassemblez les tomates et les piments dans le bol du robot. Mixez jusqu'à obtention d'une purée lisse et homogène. Faites chauffer un filet d'huile dans une casserole, puis versez-y la purée de tomates. Laissez cuire à feu doux, pendant une dizaine de minutes : la sauce doit foncer et épaissir légèrement. Éteignez le feu et réservez.

Effilochez la viande de poulet, ou émincez-la finement. Sur un carré de feuille de bananier, placez 2 cuillerées de pâte de maïs et étalez-la légèrement. Ajoutez 1 cuillerée de poulet au centre de la pâte, puis 1 cuillerée de sauce pimentée. Refermez le tamal, en repliant la feuille de bananier sur la farce, de manière à croiser les bords, puis repliez les extrémités en les faisant également se croiser. Couvrez le fond d'un cuit-vapeur de feuilles de bananier, puis placez-y les tamales. Recouvrez-les avec une nouvelle couche de feuilles de bananier. Faites cuire pendant 1 heure 30 minutes. Servez les tamales chauds, encore enveloppés dans leur feuille de bananier.

Conseil : les tamales peuvent se conserver quelques jours au réfrigérateur, ou plusieurs mois au congélateur. Il suffit, pour les réchauffer, de les placer 20 minutes dans le cuit-vapeur, ou quelques minutes au micro-ondes.

TOSTADAS DE SALPICÓN TORTILLAS FRITES AU BŒUF (Mexique)

6 pers. **Préparation : 30 min Cuisson : 40 min**

500 g de viande de bœuf maigre à bouillir • 1 oignon • 2 gousses d'ail • 1 branche de menthe fraîche • 1 cuil. à café de poivre en grains • 6 cl d'huile d'olive • 3 cl de vinaigre blanc • 1 belle laitue romaine • 2 tomates • 2 avocats, mûrs mais encore un peu fermes • 150 g de feta • 150 g de crème fraîche • 18 tortillas de maïs • huile de friture • 1 cuil. à soupe d'origan séché • sel, poivre

Réalisation

Préparez le salpicón de bœuf : dans une marmite, placez le bœuf, la moitié de l'oignon, les gousses d'ail épluchées, la menthe et le poivre en grains. Couvrez d'eau, ajoutez 1 cuillerée à café de sel, et laissez cuire environ 40 minutes à couvert, ou jusqu'à ce que la viande soit parfaitement tendre. Laissez la viande tiédir dans le bouillon, puis égouttez-la. Effilochez-la entre vos doigts, puis assaisonnez-la avec l'huile d'olive, le vinaigre, l'origan, du sel et du poivre. Mélangez bien. Réservez au réfrigérateur.

Préparez les tostadas : faites chauffer un bain d'huile à 180 °C dans une sauteuse ou une friteuse. Faites dorer les tortillas entières, en les plongeant dans l'huile chaude, une ou deux à la fois. Elles doivent être bien croustillantes. Égouttez-les, placez-les sur du papier absorbant et laissez-les refroidir. Détaillez les tomates et le demi-oignon restant en fines rondelles. Coupez les avocats en deux, dénoyautez-les, puis épluchez-les avant de les détailler en tranches. Émiettez grossièrement le fromage. Détaillez la salade en fines lanières, ajoutez-la à la viande effilochée et mélangez. Pour servir : sur chaque tostada, placez une couche de viande et de salade, puis une ou deux rondelles de tomate et d'oignon, quelques fines tranches d'avocat, un peu de fromage émietté, et une belle cuillerée de crème fraîche.

Conseil : vous pouvez, pour gagner du temps, préparer les tostadas la veille, tout comme le salpicón que vous réserverez au réfrigérateur jusqu'au lendemain.

CREMA DE CHOCLO
VELOUTÉ DE MAÏS (Chili)

6 pers. **Préparation : 15 min Cuisson : 15 min**

75 cl de bouillon de volaille • 50 cl de lait • 1 oignon • 700 g de maïs doux en conserve, égoutté • 2 cuil. à soupe bombées de Maïzena • 30 g de beurre • sel, poivre

Réalisation

Épluchez et émincez finement l'oignon, puis faites-le revenir dans le beurre chaud. Quand il commence à dorer, ajoutez le maïs et poursuivez la cuisson pendant 5 minutes. Dans le bol du robot, rassemblez le maïs, l'oignon, le lait et la Maïzena jusqu'à obtention d'une consistance lisse et homogène. Passez la crème ainsi obtenue au chinois puis versez-la dans une casserole. Ajoutez le bouillon de volaille et rectifiez l'assaisonnement. Faites mijoter le velouté pendant une dizaine de minutes, à feu doux et en remuant de temps en temps. Servez bien chaud.

SOPA AZTECA
SOUPE AZTÈQUE (Mexique)

6 pers. **Préparation : 25 min Cuisson : 20 min**

1,5 l de bouillon de volaille • 4 grosses tomates • 1 cuil. à soupe de concentré de tomates • 1 oignon • 1 gousse d'ail • 2 branches de persil • 2 piments pasillas ou tout autre variété de piments rouges doux, entiers et séchés • 200 g de feta • 1 avocat • 8 tortillas de maïs rassises • huile • sel

Réalisation

Coupez les tomates en quatre. Pelez l'oignon et émincez-le grossièrement. Pelez l'ail et retirez le germe. Rassemblez les tomates, l'oignon, l'ail, le concentré de tomates et une louche de bouillon dans le bol du robot. Mixez jusqu'à obtention d'une préparation parfaitement lisse et homogène, puis passez-la au chinois. Faites chauffer un filet d'huile dans une marmite et versez-y la préparation à la tomate. Faites-la revenir jusqu'à ce qu'elle fonce et épaississe légèrement. Ajoutez le bouillon et salez. À la reprise de l'ébullition, ajoutez le persil, baissez le feu, couvrez et poursuivez la cuisson pendant 10 à 15 minutes. Pendant ce temps, détaillez les tortillas en fines lamelles.

Faites chauffer un bain d'huile dans une sauteuse et plongez-y les lamelles de tortillas. Quand elles sont bien dorées et croustillantes, égouttez-les et réservez-les sur du papier absorbant. Épépinez les piments, détaillez-les en fines lamelles et faites-les rapidement revenir dans un peu d'huile. Coupez l'avocat en lamelles, et le fromage en dés.
Pour servir : dans chaque assiette, placez quelques lamelles de tortillas et quelques cubes de fromage. Ajoutez la soupe bouillante, puis le piment et quelques lamelles d'avocat.

Bon à savoir : cette soupe, très populaire au Mexique, est traditionnellement réalisée avec de l'epazote, une plante aromatique aux larges feuilles dentelées, à la saveur âcre et légèrement citronnée. Elle n'est malheureusement pas commercialisée en France.

SOPA DE FRIJOLES NEGROS SOUPE DE HARICOTS NOIRS (Porto Rico)

6 pers. **Prép. : 10 min Trempage : 2 h Cuisson : 30 min à 3 h**

500 g de haricots noirs secs • 1 oignon • 2 gousses d'ail • 1 feuille de laurier • 1 cuil. à soupe d'origan séché • 200 g de crème fraîche • huile • sel, poivre

Réalisation

Triez les haricots pour retirer les petits cailloux et rincez-les abondamment, puis couvrez-les d'eau froide et laissez-les tremper pendant 2 heures. Épluchez et émincez finement l'oignon. Épluchez les gousses d'ail, retirez le germe et écrasez la pulpe avec le plat d'un couteau. Faites chauffer un filet d'huile dans une marmite ou une Cocotte-Minute. Versez l'oignon et faites-le revenir pendant quelques minutes. Quand il commence à dorer, ajoutez les haricots secs égouttés, les gousses d'ail, le laurier et l'origan puis mouillez avec 2 litres d'eau. Faites cuire les haricots jusqu'à ce qu'ils soient tendres et que la peau se détache légèrement, soit environ 30 minutes à partir de la rotation de la soupape à la cocotte-minute, et de 2 heures 30 minutes à 3 heures dans une marmite traditionnelle, à couvert et à feu doux, en ajustant régulièrement le niveau d'eau si besoin. Ouvrez la marmite ou la Cocotte-Minute, retirez le laurier, salez, poivrez, puis mixez. Si la soupe vous semble trop épaisse, rallongez-la avec un peu d'eau. Servez avec de la crème fraîche.

SOPA DE LIMA
SOUPE AU CITRON (Mexique)

6 pers. **Préparation : 30 min Cuisson : 40 min**

3 citrons verts • 6 tortillas de maïs rassises • 500 g de blanc de poulet avec os • 6 foies de volaille • 1 oignon rouge • 8 gousses d'ail • 1 bâton de cannelle • 1 oignon planté de 4 clous de girofle • 1 cuil. à café d'origan séché • 1 petit bouquet de coriandre • huile de friture • sel

Réalisation

Réunissez le blanc de poulet, le bâton de cannelle, l'oignon planté de clous de girofle, les gousses d'ail, pelées mais entières, et l'origan dans une marmite. Mouillez avec 1,5 litre d'eau, salez et portez à ébullition. Écumez, couvrez et poursuivez la cuisson pendant 30 minutes. Ajoutez les foies de volaille, et poursuivez la cuisson pendant 10 minutes supplémentaires. Faites chauffer un bain d'huile dans une sauteuse. Détaillez les tortillas en fines lamelles et plongez-les dans l'huile chaude. Quand elles sont bien dorées et croustillantes, égouttez-les et réservez-les sur du papier absorbant. Filtrez le bouillon de poulet et réservez-le au chaud, avec les foies de volaille. Effilochez le blanc de poulet entre vos doigts et réservez-le au chaud. Pressez 2 citrons et ajoutez-les au bouillon. Détaillez le troisième citron en fines lamelles. Pelez l'oignon rouge et détaillez-le en fines rondelles. Ciselez la coriandre. Servez dans chaque assiette le bouillon accompagné de blanc de poulet effiloché, d'un foie de volaille, de lamelles de tortillas, de rondelles d'oignon rouge, d'une rondelle de citron et parsemez de coriandre émincée.

Bon à savoir : au Mexique, cette soupe ne se prépare pas avec du citron vert, mais avec de la lime mexicaine, un agrume rond et vert à la pulpe jaunâtre, dont la saveur, très douce, évoque celle de la bergamote.

SOPA DE PLÁTANO
SOUPE DE BANANES PLANTAINS (Cuba)

6 pers. **Préparation : 3 min Cuisson : 20 min**

2 bananes plantains • 1,5 l de bouillon de volaille ou de bœuf • 1 citron vert • sel, poivre

Réalisation

Pressez le citron vert. Pelez les bananes et détaillez-les en tronçons. Placez-les dans une marmite et mouillez avec le bouillon. Portez à ébullition, puis couvrez et poursuivez la cuisson pendant une vingtaine de minutes. Mixez et rectifiez l'assaisonnement. Servez la soupe bien chaude, arrosée de quelques gouttes de jus de citron vert.

SOPA DE QUINUA
SOUPE DE QUINOA (Pérou)

6 pers. **Préparation : 15 min Cuisson : 50 min**

2 l de bouillon de volaille • 100 g de graines de quinoa • 2 carottes • 1 navet •1 oignon • 1 pomme de terre • 1 branche de céleri • 100 g de petits pois écossés, frais ou surgelés • 1 gousse d'ail • 1 branche de menthe •1 cuil. à soupe de persil finement ciselé • 3 cuil. à soupe d'huile • sel, poivre

Réalisation

Pelez les carottes, le navet et la pomme de terre et coupez-les en petits dés. Ôtez la partie filandreuse de la branche de céleri, puis coupez-la en petits dés. Pelez et émincez finement l'oignon. Pelez et écrasez la gousse d'ail. Faites chauffer l'huile dans une marmite et faites revenir l'oignon, l'ail, les carottes, la pomme de terre, le navet et le céleri pendant 7 à 10 minutes, en remuant fréquemment. Mouillez avec le bouillon de volaille, salez et poivrez. Portez à ébullition, couvrez et faites cuire pendant 15 minutes, à feu doux. Rincez le quinoa et jetez-le dans la marmite. Ajoutez les petits pois et poursuivez la cuisson pendant 20 minutes, toujours à couvert. Éteignez le feu, ajoutez la branche de menthe, et laissez les graines de quinoa gonfler pendant 5 à 10 minutes. Rectifiez l'assaisonnement et retirez la branche de menthe. Servez la soupe parsemée de persil ciselé.

Conseil : les graines de quinoa sont naturellement recouvertes de saponine, une substance au goût amer qui les protège des oiseaux et des insectes. Prenez donc soin de rincer le quinoa à grande eau avant de l'utiliser !

Bon à savoir : le quinoa n'est pas une céréale, mais une plante herbacée apparentée à l'épinard, très résistante au froid et à la sécheresse. Le quinoa pousse dans les régions arides de l'altiplano péruvo-bolivien, entre 3 000 et 4 000 mètres d'altitude, où il est cultivé depuis l'époque précolombienne. Pour les Incas, qui le surnommaient « mère céréale », le quinoa représentait bien plus qu'un aliment de base : c'était une graine sacrée, objet de cérémonies rituelles. Avec l'arrivée des conquistadors espagnols, et l'introduction de céréales européennes à haut rendement, comme le blé ou le seigle, le quinoa faillit disparaître du territoire. Il connaît depuis quelques dizaines d'années un nouvel essor, en raison de ses qualités nutritives exceptionnelles, proches de celles du lait, qui le rendent très intéressant dans le cadre d'un régime végétarien. Au Pérou et en Bolivie, ces petites graines blondes à la saveur délicate se consomment aussi bien en potage, en plat de résistance ou d'accompagnement, qu'en dessert ou associées à des boissons rafraîchissantes.

•

AJÍ DE GALLINA / POULE À LA SAUCE AUX NOIX ET AU FROMAGE (Pérou)

6 pers. **Préparation : 1 h 15 min Cuisson : 1 h 20 min**

1 poule • 2 gousses d'ail • 1 branche de céleri • 1 feuille de laurier • 1 carotte • 2 oignons • 4 tranches de pain de mie • 40 cl de lait • 100 g de cerneaux de noix • 100 g de parmesan râpé • 4 piments rouges séchés • 12 olives noires • 3 œufs durs • 1 kg de pommes de terre • huile • 1 cuil. à soupe de persil finement ciselé • 1 cuil. à café de poivre en grains • sel

Réalisation

Grattez la carotte et détaillez-la en rondelles. Détaillez la branche de céleri en tronçons. Réunissez la poule, les rondelles de carotte, le céleri et le laurier dans une marmite. Couvrez largement d'eau froide, ajoutez 1 cuillerée à café de sel, le poivre en grains, et portez à ébullition. Écumez et poursuivez la cuisson pendant environ 1 heure à couvert. Égouttez la poule, filtrez le bouillon et réservez-en 50 cl. Laissez la poule tiédir, ôtez la peau et les os, puis effilochez la chair entre vos doigts, ou détaillez-la en fines lamelles. Retirez la queue des piments, coupez-les en deux puis enlevez les graines. Plongez-les dans une casserole d'eau bouillante et laissez-les cuire pendant 5 minutes, puis égouttez-les. Retirez la croûte du pain, émiettez la mie et faites-la tremper dans le lait. Épluchez les oignons et hachez-les. Épluchez les gousses d'ail, retirez le germe et hachez la pulpe. Ébouillantez les noix puis rafraîchissez-les et pelez-les.

Faites cuire les pommes de terre à l'eau ou à la vapeur, puis pelez-les et réservez-les au chaud.

Faites chauffer un filet d'huile dans une cocotte. Ajoutez les oignons et l'ail et faites-les suer quelques minutes, sans leur faire prendre coloration. Dans le bol du robot, rassemblez le pain et le lait, les cerneaux de noix pelés et les piments égouttés. Mixez jusqu'à obtention d'une sauce lisse et homogène. Versez cette préparation sur les oignons, ajoutez le bouillon, salez, et poursuivez la cuisson, sans cesser de remuer, jusqu'à ce que la sauce épaississe. Ajoutez la viande de poule effilochée et le parmesan, et poursuivez la cuisson pendant 5 minutes, en remuant.

Pour servir : sur chaque assiette, placez une ou deux pommes de terre coupées en deux, et recouvrez-les de poulet et de sauce. Saupoudrez de persil ciselé, et décorez avec les olives noires et les œufs durs. Servez, si vous le souhaitez, avec du riz blanc.

Bon à savoir : ce plat est traditionnellement réalisé avec du piment mirasol, un piment jaune séché qui donne à la sauce une belle couleur ocre. Il n'est malheureusement pas commercialisé en France. Nous l'avons substitué par des piments rouges séchés.

ALBÓNDIGAS A LA MEXICANA
BOULETTES DE BŒUF À LA MEXICAINE
(Mexique)

6 pers. **Préparation : 35 min Cuisson : 35 min**

(environ 18 boulettes) • 1 kg de viande de bœuf hachée • 2 gousses d'ail • 1 cuil. à café rase de cumin en poudre • 1 petit oignon • 3 feuilles de menthe • 3 œufs durs • 70 g de riz cuit • 6 tomates • 1 cuil. à soupe de concentré de tomates • 1 piment oiseau séché • sel, poivre

Réalisation

Pelez les gousses d'ail, retirez le germe et hachez la pulpe très finement. Pelez l'oignon et émincez-le très finement. Ciselez les feuilles de menthe. Placez la viande hachée dans un saladier, et ajoutez la moitié de l'oignon, la moitié de l'ail, le cumin, la menthe et le riz cuit. Salez, poivrez et mélangez. Écalez les œufs durs et coupez-les en six. Enveloppez chaque petit morceau d'œuf de viande hachée. Formez des boulettes d'environ 5 cm de diamètre et pressez-les entre vos mains. Elles doivent être bien fermes pour ne pas se déliter à la cuisson. Réservez. Plongez les tomates quelques secondes dans l'eau bouillante, puis pelez-les et épépinez les. Versez les tomates dans le bol du robot, ajoutez le reste d'ail et d'oignon, le piment, le concentré de tomates et mixez. Versez cette préparation dans une casserole, et faites-la chauffer à feu vif. À l'ébullition, baissez le feu et ajoutez les boulettes. Couvrez et poursuivez la cuisson pendant 30 minutes. Servez les boulettes avec des tortillas, ou avec du riz.

Bon à savoir : au Mexique, ce plat n'est jamais réalisé avec du piment oiseau, mais avec du piment chipotle, un piment séché et fumé. Si vous avez la chance d'en trouver, placez-le, entier, dans la sauce tomate en même temps que les boulettes. Retirez-le avant de servir.

ANTICUCHOS DE CORAZÓN BROCHETTES DE CŒUR DE BŒUF (Pérou)

6 pers. **Prép. : 35 min Macération : 4 h Cuisson : 5 min**

1,2 kg de cœur de bœuf • 3 gousses d'ail • 25 cl de vinaigre de vin rouge • 2 piments verts frais • 1 cuil. à café de cumin en poudre • 4 piments rouges séchés • 1 cuil. à café de graines de rocou réduites en poudre (en vente dans les épiceries fines ou exotiques), à défaut 1 cuil. à café de paprika doux et 1/2 cuil. à café de curcuma • huile d'olive • sel, poivre du moulin

Réalisation

Nettoyez soigneusement le cœur de bœuf, retirez la graisse, et détaillez-le en dés d'environ 2 cm de côté. Pelez et écrasez l'ail. Retirez la queue des piments verts, fendez-les en deux dans le sens de la longueur, retirez les graines et les côtes blanchâtres, puis émincez la chair très finement. Dans une terrine, mélangez le vinaigre avec l'ail, le piment frais, le cumin, 1 cuillerée à café de sel et un tour de poivre du moulin. Ajoutez les dés de cœur de bœuf, mélangez et laissez macérer au moins 4 heures, au mieux toute la nuit.

Retirez les queues des piments rouges séchés, ouvrez-les en deux et retirez les graines. Placez les piments dans une casserole, couvrez d'eau, portez à ébullition et poursuivez la cuisson pendant 5 à 10 minutes. Versez les piments et une louche de leur eau de cuisson dans le bol du robot. Ajoutez 2 cuillerées à soupe d'huile d'olive, le rocou et une pincée de sel. Mixez jusqu'à obtention d'une sauce lisse et homogène. Égouttez les dés de cœur de bœuf et embrochez-les, par trois ou quatre, sur des piques à brochette, puis badigeonnez-les de sauce aux piments à l'aide d'un pinceau. Placez les brochettes sur la grille du barbecue, au-dessus des braises, ou sous le grill du four. Faites cuire pendant 5 à 10 minutes, en fonction du degré de cuisson désiré (au Pérou, ces brochettes sont servies saignantes), en tournant les brochettes régulièrement, et en les badigeonnant à l'aide d'un pinceau avec la sauce aux piments. Servez très chaud, accompagné de pommes de terre, de patates douces et d'épis de maïs cuits à l'eau ou à la vapeur.

ARROZ CON PATO
CANARD AU RIZ (Pérou)

4 à 6 pers. **Préparation : 25 min Cuisson : 1 h 20 min**

1 canard coupé en 6 ou 8 morceaux • 400 g de riz • 2 piments verts • 1 oignon • 150 g de petits pois frais écossés • 1 l de bière blonde • 1/2 cuil. à café de cumin moulu • 1 petit bouquet de coriandre • huile • sel, poivre

Réalisation

Retirez la queue des piments verts, fendez-les en deux, retirez-en les graines et les côtes blanchâtres puis émincez-les finement. Épluchez l'oignon et émincez-le finement. Passez la coriandre sous un filet d'eau froide puis ciselez-la. Salez et poivrez les morceaux de canard. Faites chauffer un filet d'huile dans une cocotte et faites-y dorer les morceaux de canard sur toutes leurs faces. Égouttez et réservez. Jetez une partie de la graisse de cuisson de la cocotte : ne conservez que l'équivalent de 2 cuillerées à soupe. Versez l'oignon et les piments émincés dans la cocotte et faites-les suer pendant quelques minutes. Ajoutez le cumin, remettez les morceaux de canard, puis versez la bière tout en grattant le fond de la cocotte avec une spatule en bois pour dissoudre les sucs de cuisson. Salez et poivrez. Baissez le feu, couvrez et faites cuire à feu doux pendant 45 minutes, jusqu'à ce que le canard soit parfaitement tendre. Sortez les morceaux de canard de la cocotte et réservez-les au chaud. Filtrez le jus de cuisson. Reversez 90 cl de jus de cuisson dans la cocotte (complétez au besoin avec de l'eau) et portez-le à ébullition. Rincez le riz, égouttez-le soigneusement et jetez-le dans la cocotte. À la reprise de l'ébullition, ajoutez les petits pois écossés et la coriandre ciselée et couvrez. Poursuivez la cuisson à feu doux, sans remuer, pendant une vingtaine de minutes. Le riz doit être tendre et avoir absorbé tout le liquide. Au besoin, ajoutez un peu d'eau et poursuivez la cuisson. Éteignez le feu et laissez le riz reposer 5 à 10 minutes dans la cocotte, à couvert. Disposez les morceaux de canard sur le riz et servez.

Bon à savoir : au Pérou, on utilise pour confectionner ce plat, non pas de la bière, mais de la chicha de jora, une boisson fermentée épaisse et blanchâtre, tirée du maïs.

ARROZ CON POLLO
POULET AU RIZ (Paraguay)

4 à 6 pers. **Préparation : 25 min Cuisson : 1 h**

1 poulet coupé en 6 ou 8 morceaux • 400 g de riz • 2 oignons • 1 poivron rouge • 1 poivron vert • 3 tomates • 1 l de bouillon de volaille • 4 filaments de safran • 1 cuil. à café de graines de rocou réduites en poudre (épiceries fines ou exotiques), à défaut 1/2 cuil. à café de curcuma et 1 cuil. à café de paprika doux • huile • sel, poivre du moulin

Réalisation

Épluchez et émincez finement les oignons. Fendez les poivrons en deux, puis retirez les queues, les graines et les côtes blanchâtres avant d'émincer finement la chair. Ébouillantez les tomates puis rafraîchissez-les avant de les peler, de les épépiner et de les concasser. Faites chauffer un large filet d'huile dans une cocotte et faites-y revenir les morceaux de poulet sur toutes leurs faces. Quand ils sont bien dorés, égouttez-les et réservez-les. Dans la même cocotte, faites revenir l'oignon et les poivrons pendant 4 à 5 minutes. Remettez les morceaux de poulet dans la cocotte, ajoutez les tomates, le safran et le rocou, salez (uniquement si le bouillon ne contient pas déjà du sel), poivrez puis mouillez avec le bouillon de volaille. À l'ébullition, couvrez et laissez mijoter pendant 30 minutes à feu doux. Sortez les morceaux de poulet de la cocotte, filtrez le jus de cuisson au chinois et réservez les légumes. Reversez 90 cl du jus de cuisson dans la cocotte et portez-le à ébullition. Rincez le riz, égouttez-le soigneusement et jetez-le dans la cocotte. À la reprise de l'ébullition, ajoutez les légumes et les morceaux de poulet. Couvrez et poursuivez la cuisson à feu doux, sans remuer, pendant une vingtaine de minutes. Le riz doit être tendre et avoir absorbé tout le liquide. Au besoin, ajoutez un peu d'eau et poursuivez la cuisson. Éteignez le feu et laissez le riz reposer 5 à 10 minutes dans la cocotte, à couvert, avant de servir.

Bon à savoir : le rocou, qu'on appelle en Amérique latine annatto ou achiote (prononcez « achioté », s'il vous plaît !), est extrait des fruits d'un arbre tropical : le rocouyer. En France, on découvre le rocou, caché sous son nom de code E160b, dans beaucoup de produits alimentaires qu'il rehausse d'une belle couleur orangée : les fromages, le beurre, les huiles... On l'ajoute également à la nourriture des poules pour intensifier la couleur des jaunes d'œufs. Vous trouverez ces petites graines rouge-brique en vente dans certaines épiceries fines ou exotiques, et pourrez les conserver indéfiniment, simplement enfermées dans un récipient hermétique.

ARVEJADO DE CORDERO RAGOÛT D'AGNEAU AUX LÉGUMES (Chili)

6 pers. **Préparation : 15 min Cuisson : 50 min**

1,5 kg de collier, ou d'épaule d'agneau désossée, coupé en cubes • 1 oignon • 3 gousses d'ail • 500 g de petits pois écossés, frais ou congelés • 2 carottes • 4 pommes de terre • 3 épis de maïs • 1 branche de thym • 1 cuil. à café d'origan séché • huile • sel, poivre

Réalisation

Épluchez l'oignon et coupez-le en quatre. Épluchez les carottes et détaillez-les en rondelles. Épluchez les gousses d'ail. Versez un filet d'huile dans une cocotte et faites-y revenir les gousses d'ail pendant quelques minutes. Quand elles sont bien dorées, sortez-les de la cocotte et jetez-les. Placez les morceaux d'agneau dans la cocotte et faites-les dorer sur toutes leurs faces. Ajoutez l'oignon et les carottes, puis mouillez avec 1,5 litre d'eau. Salez, poivrez, ajoutez le thym et l'origan et portez à ébullition. Couvrez la cocotte et laissez la viande mijoter pendant 15 minutes. Épluchez les pommes de terre, coupez-les en morceaux puis jetez-les dans la cocotte. Couvrez et poursuivez la cuisson pendant 20 minutes. Débarrassez les épis de maïs de leurs feuilles et détaillez-les en deux ou trois tronçons. Plongez-les dans la cocotte, ajoutez les petits pois et poursuivez la cuisson, toujours à couvert, pendant 10 à 15 minutes. Rectifiez l'assaisonnement et servez.

CARBONADA EN ZAPALLO / POTIRON FARCI AU BŒUF ET AUX PÊCHES (Argentine)

6 pers. **Préparation : 40 min Cuisson : 1 h 15 min**

1 potiron d'environ 5 kg • 1 kg de bœuf à braiser • 3 pommes de terre • 3 patates douces • 3 épis de maïs frais • 3 grosses tomates • 1 poivron vert • 1 oignon • 4 pêches fraîches ou 8 oreillons au sirop, égouttés • 1 cuil. à café d'origan séché • 2 feuilles de laurier • 1 gousse d'ail • 1 l de bouillon de bœuf • 100 g de beurre mou • 2 cuil. à soupe d'huile • 1 cuil. à soupe de sucre en poudre • sel, poivre

Réalisation

Préchauffez le four à 200 °C (th. 6-7). Nettoyez l'écorce du potiron en la brossant sous un filet d'eau froide. Découpez sur le haut un chapeau d'environ 15 cm de diamètre et évidez l'intérieur (graines et filaments) à l'aide d'une cuillère. Badigeonnez de beurre puis saupoudre de sucre l'intérieur du potiron. Recouvrez-le de son chapeau, placez-le dans un grand plat et faites-le cuire au four pendant environ 40 minutes, jusqu'à ce que la pulpe soit tendre.

Pendant ce temps, préparez la farce : coupez le

bœuf en cubes d'environ 3 cm de côté. Pelez les pommes de terre et les patates douces et coupez-les en cubes. Coupez le maïs en tronçons. Mondez les tomates et coupez-les en quatre. Coupez le poivron en dés. Pelez les pêches fraîches et coupez-les en deux. Pelez et émincez l'oignon. Pelez et écrasez la gousse d'ail. Faites chauffer l'huile dans une cocotte. Ajoutez les cubes de viande et faites-les revenir sur toutes leurs faces. Quand ils sont dorés, égouttez-les et réservez-les. Dans la même cocotte, faites revenir l'oignon, le poivron vert et l'ail. Quand l'oignon commence à blondir, versez le bouillon de bœuf, tout en grattant le fond de la cocotte avec une spatule pour dissoudre les sucs de cuisson. À l'ébullition, ajoutez la viande, les tomates, l'origan, le laurier, du sel et du poivre. Couvrez et laissez mijoter pendant 10 minutes à feu moyen. Incorporez les pommes de terre, les patates douces et les tronçons de maïs et poursuivez la cuisson pendant 30 minutes, à couvert. Enfin, ajoutez les pêches et prolongez la cuisson de 5 minutes supplémentaires.

Versez la farce dans le potiron et couvrez-le de son chapeau. Replacez le potiron au four pour 10 minutes. Servez sans attendre.

CHILES EN NOGADA
PIMENTS DOUX FARCIS (Mexique)

6 pers. **Préparation : 1 h 15 min Cuisson : 40 min**

12 gros piments poblanos (piments verts doux) ou, à défaut, 12 poivrons verts • 1 oignon • 5 gousses d'ail • 500 g de viande de porc hachée • 1 kg de tomates •1 clou de girofle • 1 bâton de cannelle • 2 pêches, ou 4 oreillons au sirop, égouttés • 2 poires, ou 4 oreillons au sirop, égouttés • 1 banane plantain • 70 g de raisins secs • 125 g d'amandes émondées et concassées • 3 cuil. à soupe d'huile • 25 cl de bouillon de volaille • 200 g de fromage frais ou de ricotta • 10 cl de lait • 25 cl de crème fleurette • 150 g de cerneaux de noix (soit environ 50 noix entières) • 2 grenades • 3 branches de persil • 1/2 cuil. à café de sucre • sel

Réalisation

Préparez les piments : placez-les directement sur la flamme du gaz ou sous le gril du four en les tournant régulièrement, jusqu'à ce que leur peau noircisse. Enfermez-les dans un sac en plastique pendant 10 minutes. Pelez-les, incisez-les dans le sens de la longueur et retirez délicatement les pépins en prenant garde de ne pas percer la chair. Préparez la farce : Pelez et émincez finement l'oignon. Pelez et écrasez les gousses d'ail sous le plat d'un couteau. Ébouillantez les tomates, puis rafraîchissez-les, pelez-les, épépinez-les et coupez-les en dés. Pelez et coupez en dés les pêches, les poires et la banane. Écrasez le clou de girofle dans un mortier. Faites chauffer un filet d'huile dans une sauteuse, et faites revenir l'oignon et l'ail pendant quelques minutes. Quand ils commencent à dorer, ajoutez la viande de porc et les tomates. Poursuivez la cuisson pendant une dizaine de minutes. Ajoutez le clou de girofle, la cannelle, les dés de pêche, de poire et de banane, les raisins secs, les amandes et mouillez avec le bouillon de volaille. Poursuivez la cuisson jusqu'à évaporation totale du liquide. Retirez le bâton de cannelle et laissez refroidir.

Préparez la sauce : ébouillantez les noix puis rafraîchissez-les et pelez-les. Dans le bol du robot, rassemblez le fromage frais, le lait, la crème et les noix. Ajoutez une pincée de sel et le sucre et mixez jusqu'à obtention d'une sauce lisse et épaisse.

Montage : remplissez les piments avec la farce et nappez-les de crème aux noix. Parsemez de graines de grenade et de quelques feuilles de persil. Dégustez à température ambiante.

Conseil : la préparation des piments et de la farce peut être réalisée la veille. En revanche, la sauce aux noix ne doit être confectionnée qu'au dernier moment, sous peine de la voir noircir.

CHULETAS DE CERDO CON FRUTAS CÔTES DE PORC AUX FRUITS (République Dominicaine)

4 pers. **Préparation : 15 min Cuisson : 40 min**

4 côtes de porc • 1 oignon • 1 gousse d'ail • 150 g de pruneaux dénoyautés • 150 g d'abricots secs • 25 cl de bouillon de volaille • 25 cl de vin blanc sec • huile • sel, poivre

Réalisation

Versez les pruneaux et les abricots secs dans un bol. Recouvrez-les d'eau tiède et laissez-les tremper pendant 30 minutes. Épluchez et émincez finement l'oignon et la gousse d'ail. Faites chauffer un filet d'huile dans une sauteuse. Salez et poivrez les côtes de porc, puis placez-les dans la sauteuse et faites-les dorer des deux côtés. Égouttez et réservez. Dans la même sauteuse, faites revenir l'oignon et l'ail émincés pendant quelques minutes. Ajoutez les côtes de porc, puis mouillez avec le bouillon de volaille et le vin blanc. Salez et poivrez. Égouttez les fruits secs, puis versez-les dans la sauteuse. Couvrez et poursuivez la cuisson pendant 30 minutes.

CONEJO CON MANÍ
LAPIN AUX CACAHUÈTES (Chili)

4 pers. **Préparation : 15 min Cuisson : 1 h 10 min**

1 lapin coupé en 6 ou 8 morceaux • 2 oignons • 2 gousses d'ail • 100 g de cacahuètes, de préférence non salées • 30 cl de bouillon de volaille • 20 cl de vin blanc sec • huile • sel, poivre

Réalisation

Concassez les cacahuètes au mortier ou au robot. Épluchez les oignons et les gousses d'ail puis émincez-les finement. Versez un filet d'huile dans une cocotte. Quand l'huile est bien chaude, faites dorer les morceaux de lapin sur toutes leurs faces. Égouttez et réservez. Dans la même cocotte, faites revenir l'oignon et la gousse d'ail émincés pendant quelques minutes. Remettez le lapin dans la cocotte, et ajoutez les cacahuètes, puis mouillez avec le bouillon de volaille et le vin blanc. Salez et poivrez. Couvrez et poursuivez la cuisson pendant 1 heure, à feu doux, jusqu'à ce que le lapin soit parfaitement cuit.

CONEJO EN SALSA DE COCO
LAPIN À LA NOIX DE COCO (Venezuela)

4 pers. **Préparation : 10 min Cuisson : 1 h 10 min**

1 lapin coupé en 6 ou 8 morceaux • 40 cl de lait de coco • 3 tomates • 1 oignon • huile • sel, poivre

Réalisation

Ébouillantez les tomates, puis pelez-les et épépinez-les. Épluchez l'oignon et émincez-le grossièrement. Dans le bol du robot, rassemblez les tomates et l'oignon et mixez jusqu'à obtention d'une sauce lisse et homogène. Faites chauffer un filet d'huile dans une cocotte et versez la sauce aux tomates. Faites-la revenir pendant 5 à 10 minutes, jusqu'à ce qu'elle fonce et épaississe légèrement. Ajoutez le lait de coco, salez et poivrez. À la reprise de l'ébullition, plongez les morceaux de lapin dans la cocotte. Couvrez et poursuivez la cuisson pendant 1 heure, à feu doux, en arrosant de temps en temps le lapin avec la sauce, jusqu'à ce que sa chair soit parfaitement tendre. Servez bien chaud, avec des pommes de terre vapeur ou du riz blanc.

ENCHILADAS ROJAS
ENCHILADAS DE POULET EN SAUCE ROUGE (Mexique)

4 pers. Préparation : 40 min Cuisson : 20 min

600 g de viande de poulet cuite (un reste de poulet rôti, par exemple) • 12 tortillas • 6 grosses tomates • 2 oignons • 6 gousses d'ail • 3 piments rouges séchés • 1 cuil. à café d'origan séché • 15 cl de crème fraîche • huile • sel, poivre

Réalisation

Retirez les queues des piments, fendez-les en deux et retirez les graines. Placez les piments dans une casserole, couvrez d'eau, portez à ébullition et poursuivez la cuisson pendant 5 à 10 minutes. Éteignez le feu et réservez. Effilochez la viande de poulet avec vos doigts. Réservez. Épluchez les oignons et émincez-les grossièrement. Épluchez les gousses d'ail et retirez le germe. Ébouillantez

les tomates puis pelez-les et épépinez-les. Dans le bol du robot, rassemblez les tomates, un oignon coupé en quatre, les gousses d'ail, les piments avec une louche de leur eau de cuisson, l'origan et du sel. Mixez jusqu'à obtention d'une sauce lisse et homogène. Versez un filet d'huile dans une casserole. Quand l'huile est bien chaude, versez la sauce à la tomate et faites-la revenir pendant une dizaine de minutes, jusqu'à ce qu'elle fonce et épaississe légèrement. Rectifiez l'assaisonnement. Couvrez et réservez.
Faites chauffer 2 cm d'huile dans une sauteuse. Plongez les tortillas une par une pendant quelques secondes dans l'huile chaude. Ne les laissez pas dorer : elles ne doivent pas croustiller, mais rester parfaitement souples. Égouttez les tortillas et placez-les sur du papier absorbant pour retirer l'excès d'huile. Préchauffez le four à 200 °C (th. 6-7). Au bord de chaque tortilla, placez 1 à 2 cuillerées à soupe de poulet effiloché, puis roulez-les de façon bien serrée. Disposez les tortillas farcies au fur et à mesure de leur réalisation dans un plat à gratin. Versez la sauce à la tomate sur les tortillas et enfournez pour 10 minutes. Ne prolongez pas la cuisson : les tortillas absorberaient la sauce et se déliteraient.

Pendant ce temps, détaillez l'oignon restant en fines rondelles et séparez les anneaux. Servez les enchiladas sans attendre, nappées de crème fraîche et parsemées de rondelles d'oignon cru.

FEIJOADA
RAGOÛT DE BŒUF ET DE PORC AUX HARICOTS NOIRS (Brésil)

10 pers. **Préparation : 20 min Trempage : 12 h Cuisson : 3 h**

1 kg de palette de porc salée • 500 g de viande de bœuf salée (ou de viande des grisons), en un seul morceau • 500 g de viande de bœuf maigre, à bouillir • 1 pied, 2 oreilles, 1 queue et 1 langue de porc • 100 g de lard • 300 g de saucisses fumées à cuire • 1 kg de haricots noirs secs • 1 oignon • 3 gousses d'ail • 2 piments verts frais • 4 feuilles de laurier • 2 cuil. à soupe de persil finement ciselé • 2 cuil. à soupe de ciboulette finement ciselée • huile • poivre noir du moulin

Réalisation

La veille, placez la palette de porc salée et la viande de bœuf salée dans un grand plat et recouvrez-les d'eau froide. Laissez-les dessaler pendant 12 heures, en renouvelant l'eau deux ou trois fois. Triez les haricots noirs pour retirer les petits cailloux, puis rincez-les et versez-les dans un saladier. Recouvrez-les d'eau froide et laissez-les tremper pendant 12 heures. Le jour même, égouttez les haricots et versez-les dans une grande cocotte. Recouvrez-les largement d'eau froide et portez à ébullition. Laissez cuire pendant 1 heure, à feu doux et à couvert. Égouttez les viandes salées et placez-les dans une autre cocotte. Ajoutez le bœuf maigre, le pied, les oreilles, la langue et la queue de porc et le lard. Recouvrez-les d'eau froide et portez à ébullition. Écumez, couvrez et poursuivez la cuisson pendant 1 heure. Égouttez soigneusement la viande et placez-la dans la cocotte de haricots. Ajoutez le laurier et poivrez. Poursuivez la cuisson pendant 1 heure, à feu doux et à couvert. Ajoutez les saucisses et prolongez la cuisson de 30 à 40 minutes, jusqu'à ce que les haricots soient parfaitement tendres. Épluchez l'oignon et émincez-le finement. Épluchez les gousses d'ail et écrasez-les. Retirez la queue des piments, fendez-les en deux, puis retirez les graines et les côtes blanchâtres avant de les émincer très finement. Versez un filet d'huile dans une sauteuse et faites revenir l'oignon, l'ail et le piment pendant quelques minutes. Versez deux louches de haricots noirs avec leur jus de cuisson dans la sauteuse, et écrasez-les à la fourchette. Versez le contenu de la sauteuse dans la cocotte, ajoutez le persil et la ciboulette et mélangez. Laissez mijoter pendant 10 minutes supplémentaires. Sortez les viandes de la cocotte, détaillez-les en morceaux, puis disposez-les sur un grand plat de service. Présentez les haricots séparément, avec leur sauce. Servez avec de la farofa (recette p. 107), de la couve à mineira (recette p. 105), du riz blanc, du môlho de pimenta e limão (recette p. 122), et des oranges coupées en quartier.

LOMO DE TERNERO AL CHOCOLATE RÔTI DE VEAU AU CHOCOLAT (Mexique)

4 pers. **Préparation : 10 min Cuisson : 40 min**

1 rôti de veau de 1 kg • 2 oignons • 400 g de coulis de tomate • 50 cl de bouillon de volaille • 30 g de chocolat à 50 % de cacao • 1/2 cuil. à café de cannelle en poudre • huile • sel, poivre du moulin

Réalisation

Épluchez les oignons et émincez-les finement.

Faites chauffer un filet d'huile dans une cocotte et faites-y revenir la viande jusqu'à ce qu'elle soit bien dorée. Égouttez et réservez. Dans la même cocotte, versez les oignons et faites-les revenir pendant quelques minutes. Quand ils commencent à blondir, remettez la viande dans la cocotte, puis mouillez avec le coulis de tomate et le bouillon de volaille. Ajoutez la cannelle, salez et poivrez. Faites cuire à couvert et à feu doux pendant 30 à 40 minutes. Sortez la viande de la cocotte, placez-la sur un plat et réservez-la au chaud. Cassez le chocolat en petits morceaux et jetez-le dans la cocotte. Poursuivez la cuisson pendant 2 minutes, sans cesser de remuer, jusqu'à ce que le chocolat soit complètement fondu. Rectifiez l'assaisonnement. Nappez le rôti de sauce et servez.

MATAMBRE / BŒUF FARCI OU « TUE-LA-FAIM » (Argentine)

6 pers. **Préparation : 30 min Macération : 2 h Cuisson : 2 h**

1 tranche de flanchet de bœuf d'environ 1,5 kg • 2 gousses d'ail • 1 cuil. à café d'origan séché • 1 cuil. à café de thym séché • 3 citrons • 4 tranches de pain de mie • 10 cl de lait • 2 carottes • 1 oignon • 4 œufs • 2 cuil. à soupe de persil ciselé • 75 cl de bouillon de bœuf • piment de Cayenne moulu • sel

Réalisation

Ôtez une partie de la graisse et le cartilage du flanchet de bœuf, puis ouvrez-le en deux, en le fendant dans le sens de la longueur à l'aide d'un long couteau effilé. Placez le flanchet entre deux feuilles de plastique alimentaire et aplatissez-le légèrement en le frappant avec le plat d'un couperet ou avec un rouleau à pâtisserie. Pressez les citrons. Épluchez les gousses d'ail et écrasez-les au-dessus d'un bol. Ajoutez le jus des citrons, le thym et l'origan. Arrosez les deux faces du flanchet avec ce mélange. Laissez-le mariner pendant 2 heures au frais.

Préparez la farce : épluchez les carottes et détaillez-les en petits dés. Faites durcir deux œufs, écalez-les et émincez-les. Épluchez l'oignon et émincez-le finement. Retirez la croûte du pain de mie, puis émiettez la mie et faites la tremper dans le lait avant de l'égoutter. Dans un saladier, rassemblez la mie de pain égouttée, les carottes, les œufs durs, l'oignon et le persil. Cassez les œufs crus au-dessus du saladier, ajoutez du sel et le piment de Cayenne puis mélangez intimement tous les ingrédients. Préchauffez le four à 180 °C (th. 6). Égouttez et épongez le flanchet. Disposez la farce dessus, puis roulez-le sur lui-même et ficelez-le solidement, pour que la farce ne s'échappe pas. Placez la viande farcie dans une cocotte allant au four. Mouillez avec le bouillon de bœuf et ajoutez suffisamment d'eau pour que la viande soit recouverte jusqu'au tiers de sa hauteur. Couvrez et enfournez pour 2 heures. Vous pouvez servir le matambre, détaillé en tranches épaisses, chaud ou froid. Dans ce cas, laissez le matambre tiédir dans la cocotte, puis égouttez le et placez-le sous un poids, au réfrigérateur, pendant environ 3 heures pour retirer l'excès de liquide.

NIÑOS ENVUELTOS
STEAKS FARCIS (Cuba)

4 pers. **Préparation : 20 min Macération : 2 h Cuisson : 40 min**

4 fines tranches de bavette de bœuf • 3 gousses d'ail • 1 citron vert • 4 tranches de jambon cru • 50 g de raisins secs • 50 g de câpres au vinaigre, égouttées • 50 g d'olives vertes dénoyautées • 1 oignon • 1 poivron rouge • 25 cl de coulis de tomate • 12 cl de vin blanc sec • 1 feuille de laurier • huile • sel, poivre

Réalisation

Demandez à votre boucher de battre les steaks pour qu'ils soient très fins. Pressez le citron vert. Pelez et écrasez les gousses d'ail avec un presse-ail au-dessus d'un bol. Ajoutez le jus de citron, salez, poivrez et mélangez. Versez cette préparation sur les steaks et laissez-les mariner pendant 2 heures. Coupez les olives vertes en quatre et versez-les dans un bol. Ajoutez les raisins secs et les câpres et mélangez. Épongez les steaks. Étendez sur chacun d'eux une tranche de jambon cru puis déposez 2 cuillerées à soupe du mélange aux câpres. Repliez les bords des steaks sur la farce puis roulez-les et ficelez-les. Versez un filet d'huile dans une sauteuse et faites revenir les steaks sur toutes leurs faces. Quand ils sont bien dorés, égouttez-les et réservez-les. Épluchez l'oignon et émincez-le finement. Détaillez le poivron en petits dés. Jetez l'oignon et le poivron dans la sauteuse et faites-les revenir pendant quelques minutes. Quand l'oignon commence à blondir, remettez les steaks dans la sauteuse, puis mouillez avec le coulis de tomate et le vin blanc. Ajoutez le laurier, salez et poivrez. Poursuivez la cuisson pendant 30 minutes à couvert, puis servez.

PARRILLADA MIXTA / ASSORTIMENT DE VIANDES GRILLÉES (Argentine)

8 pers. **Préparation : 10 min Cuisson : 20 min**

1 côte de bœuf d'environ 1 kg • 1 kg de rumsteck ou de faux-filet en tranches épaisses • 4 rognons de veau • 4 boudins noirs • 4 saucisses à griller • 1 poulet découpé en crapaudine par votre volailler • 3 gousses d'ail • 5 cl de vinaigre de vin • 40 cl de sauce chimichurri (recette p. 121) • 1 bouquet de persil • sel, poivre

Réalisation

Allumez le barbecue. Laissez les flammes s'éteindre et entretenez les braises. Retirez la pellicule qui entoure les rognons, puis dégraissez-les et placez-les dans un plat. Épluchez les gousses d'ail, dégermez-les et écrasez-les au-dessus d'un bol à l'aide d'un presse-ail. Ajoutez le vinaigre et le persil. Salez, poivrez et mélangez. Arrosez les rognons avec ce mélange et réservez-les. Placez le poulet sur la grille du barbecue, côté peau et faites-le cuire environ 20 minutes, en le retournant à mi-cuisson. Piquez les boudins noirs de part en part avec une aiguille pour qu'ils n'éclatent pas à la cuisson et placez-les, ainsi que les saucisses, sur la grille du barbecue. Faites-les cuire pendant 15 minutes, en les tournant régulièrement. Ajoutez la côte de bœuf et faites-la cuire de 5 à 8 minutes par face, en fonction du degré de cuisson désiré. Égouttez les rognons et épongez-les. Placez les sur la grille et faites-les cuire 5 minutes sur chaque face. Enfin, ajoutez le rumsteck, et comptez entre 2 et 4 minutes de cuisson par face. À mi-cuisson, salez les viandes rouges et le poulet, et enduisez-les, à l'aide d'un pinceau, de sauce chimichurri. Servez avec, à part, le reste de sauce chimichurri.

Bon à savoir : la parrillada mixta, qui peut être

n'importe quelle combinaison de viandes de bœuf, d'abats (ris, rognons, tripes, mamelle) et de volaille grillés, est particulièrement populaire en Argentine, mais aussi au Chili et en Colombie.

PASTEL DE CHOCLO
GRATIN DE BŒUF ET DE MAÏS (Chili)

6 à 8 pers. **Préparation : 10 min Cuisson : 1 h**

500 g de bœuf haché • 450 g d'escalopes de poulet fines • 3 œufs durs • 1 kg d'oignons • 3 gousses d'ail • 1,1 kg de maïs en conserve, égoutté • 20 olives noires dénoyautées • 100 g de raisins secs • 1/2 cuil. à café de cumin moulu • 1 cuil. à soupe de feuilles de basilic frais, ciselées • 3 cuil. à soupe de lait • huile • 1 cuil. à soupe de sucre en poudre • sel, poivre

Réalisation

Épluchez et émincez les oignons. Épluchez les gousses d'ail, retirez le germe, puis écrasez les avec le plat d'un couteau. Faites chauffer un filet d'huile dans une sauteuse, puis ajoutez les oignons et faites-les suer pendant quelques minutes. Ajoutez le bœuf haché, l'ail écrasé, le cumin, les raisins secs et les olives. Salez et poivrez. Poursuivez la cuisson pendant 15 minutes. Réservez. Faites chauffer un filet d'huile dans une poêle. Salez et poivrez les escalopes de poulet, placez-les dans la poêle et faites-les dorer sur chaque face. Réservez. Égouttez le maïs et mixez-le avec le lait. Vous devenez obtenir une purée lisse et épaisse. Si elle vous semble trop épaisse, rajoutez un peu de lait. Versez la purée dans une casserole, ajoutez le basilic ciselé, et faites cuire 5 minutes à feu doux, sans cesser de remuer. Réservez. Préchauffez le four à 200 °C (th. 6-7). Dans un plat à gratin, disposez le mélange de bœuf aux oignons, puis recouvrez-le avec les escalopes de poulet. Écalez les œufs durs et coupez-les en quatre dans le sens de la longueur. Disposez les œufs durs sur le poulet. Versez la purée de maïs sur les œufs et étalez-la uniformément avec le dos d'une cuillère. Saupoudrez de sucre. Enfournez pour 30 minutes. Le gratin est prêt à servir lorsqu'il est parfaitement doré.

POLLO BORRACHO
POULET IVRE (Argentine)

4 pers. **Préparation : 20 min Cuisson : 1 h**

1 poulet coupé en 6 morceaux • 4 tomates • 2 oignons • 1 gousse d'ail • 3 feuilles de laurier • 2 branches de thym • 2 branches d'origan frais, à défaut 1 cuil. à soupe d'origan séché • 25 cl de bouillon de volaille • 15 cl de vin blanc sec • 100 g de beurre • huile • sel • poivre

Réalisation

Épluchez les oignons et détaillez-les en rondelles fines. Épluchez la gousse d'ail, retirez le germe et émincez-la. Ébouillantez les tomates, puis rafraîchissez-les, pelez-les et épépinez-les avant de les concasser. Réunissez les feuilles de laurier, les branches de thym et d'origan en bouquet et nouez-les avec du fil de cuisine. Faites fondre le beurre avec un filet d'huile dans une cocotte. Ajoutez les morceaux de poulet et faites-les dorer sur toutes leurs faces. Égouttez-les et réservez. Dans la même cocotte, versez l'oignon et l'ail émincés et faites-les revenir pendant quelques minutes. Remettez les morceaux de poulet dans la cocotte, puis mouillez avec le vin blanc et ajoutez le bouquet d'herbes aromatiques. Faites mijoter à feu doux, jusqu'à ce que le liquide réduise de moitié. Ajoutez les tomates concassées et le bouillon de volaille. Salez et poivrez. Couvrez la cocotte et poursuivez la cuisson à feu doux pendant environ 45 minutes, jusqu'à ce que le poulet soit parfaitement cuit. Retirez le bouquet d'herbes aromatiques et servez.

POLLO FRITO A LA CRIOLLA
POULET FRIT À LA CRÉOLE (Cuba)

6 pers. **Préparation : 15 min Macération : 12 h Cuisson : 20 min**

1 poulet fermier découpé en 6 morceaux • 100 g de farine • 1/2 cuil. à café de cumin moulu • 1 cuil. à café d'origan séché • 1 piment vert • 2 oranges amères, à défaut 1 orange et 2 citrons verts • 6 gousses d'ail écrasées • huile pour friture • sel

Réalisation

La veille, frottez les morceaux de poulet avec les gousses d'ail écrasées. Pressez les oranges. Coupez la queue du piment vert, puis fendez-le en deux, retirez les graines et les côtes blanchâtres puis hachez-le. Mélangez le jus d'orange, le cumin, l'origan, le piment et 2 cuillerées à café de sel. Versez cette préparation sur le poulet et laissez-le mariner pendant au moins 12 heures, au réfrigérateur. Le jour même, égouttez soigneusement le poulet puis épongez-le. Faites chauffer un bain d'huile à 180 °C dans une cocotte ou une friteuse. Versez la farine dans un sac en plastique, et ajoutez les morceaux de poulet. Fermez le sac et secouez-le vigoureusement puis sortez les morceaux de poulet et tapotez-les pour éliminer l'excédent de farine. Plongez les morceaux de poulet dans l'huile chaude. Quand ils sont bien dorés, égouttez-les puis placez-les sur du papier absorbant. Servez sans attendre.

ROPA VIEJA BŒUF EFFILOCHÉ À LA TOMATE (Cuba)

6 pers. **Préparation : 25 min Cuisson : 1 h 30 min**

750 g de bavette de bœuf • 2 oignons • 1 branche de céleri • 1 carotte • 1 poivron vert • 3 gousses d'ail • 1 cuil. à soupe de persil ciselé • 20 cl de coulis de tomate • 12 cl de vin blanc sec • 2 feuilles de laurier • 1 cuil. à café de cumin moulu • 1 cuil. à café d'origan séché • huile • 1 cuil. à café de poivre en grains • sel, poivre

Réalisation

Pelez les oignons. Grattez la carotte et détaillez-la en rondelles. Détaillez le céleri en tronçons. Déposez la viande, un oignon, la carotte, le céleri et une feuille de laurier dans une grande cocotte. Recouvrez d'eau, ajoutez 1 cuillerée à café de sel, le poivre en grains, et portez le tout à ébullition. Écumez, couvrez et poursuivez la cuisson pendant 1 heure à 1 heure 15 minutes, jusqu'à ce que la viande soit parfaitement tendre. Égouttez-la et laissez la tiédir. Filtrez le bouillon et réservez-en 25 cl. Effilochez la viande ou détaillez-la en fines lamelles et réservez-la. Épluchez les gousses d'ail, retirez le germe, puis écrasez-les. Émincez finement l'oignon restant. Détaillez le poivron en petits dés. Faites chauffer un filet d'huile dans une poêle et faites-y dorer l'oignon. Ajoutez l'ail, le poivron et le coulis de tomate. À l'ébullition, ajoutez le vin blanc, le bouillon, la viande effilochée, le cumin, l'origan et la seconde feuille de laurier. Salez et poivrez. Poursuivez la cuisson, à découvert, pendant une vingtaine de minutes. La sauce doit avoir réduit et s'être épaissi. Rectifiez l'assaisonnement, retirez la feuille de laurier, parsemez de persil, et servez.

SECO DE CHIVO CHEVREAU AUX POIVRONS ET À LA CORIANDRE (Équateur)

6 pers. **Préparation : 20 min Cuisson : 1 h**

1,5 kg de viande de chevreau désossée et coupée en cubes de 3 cm • 2 oignons • 2 gousses d'ail • 2 poivrons rouges • 1 piment frais, vert ou rouge • 3 tomates • 45 cl de bière blonde • 3 cuil. à soupe de coriandre ciselée • 1/4 de cuil. à café de cumin moulu • huile • sel

Réalisation

Ébouillantez les tomates puis rafraîchissez-les avant

de les peler, de les épépiner et de les concasser. Détaillez les poivrons en petits dés. Fendez le piment en deux, retirez les graines et les côtes blanchâtres puis émincez-le finement. Épluchez les oignons et émincez-les finement. Épluchez les gousses d'ail et écrasez-les. Versez un filet d'huile dans une cocotte et faites revenir les cubes de chevreau sur toutes leurs faces. Quand ils sont bien dorés, égouttez-les et réservez-les. Versez les oignons, les poivrons, le piment et l'ail dans la cocotte et faites-les revenir pendant quelques minutes. Quand les oignons commencent à dorer, ajoutez le cumin, du sel et la concassée de tomates puis mouillez avec la bière. Laissez la sauce mijoter pendant 5 minutes puis plongez-y les morceaux de viande. Ajoutez la coriandre ciselée, couvrez et poursuivez la cuisson pendant 40 minutes à feu doux. Servez avec du riz blanc, des pommes de terre vapeur ou des bananes plantains frites.

TACOS DE CARNITAS TORTILLAS GARNIES DE PORC À L'ORANGE (Mexique)

6 pers. **Préparation : 25 min Cuisson : 1 h 15 min**

1,5 kg de viande de porc (palette et échine) • 2 gousses d'ail • zeste d'une orange • 50 cl de jus d'orange • 1 cuil. à café d'origan séché • 3 branches de thym • 2 feuilles de laurier • 100 g de saindoux • 18 tortillas • sel, poivre

Réalisation

Détaillez le porc en cubes d'environ 4 cm. Épluchez les gousses d'ail. Dans une cocotte à fond épais (idéalement une cocotte en fonte), faites fondre le saindoux à feu doux. Ajoutez les gousses d'ail, laissez-les dorer puis égouttez-les et jetez-les. Ajoutez les cubes de viande et faites-les dorer sur toutes leurs faces. Ajoutez l'origan, le thym, le laurier, le zeste et le jus d'orange, du sel et du poivre. Si nécessaire, ajoutez assez d'eau pour couvrir complètement la viande. Couvrez la cocotte à moitié, et faites cuire à feu moyen en remuant de temps en temps, pendant 1 heure à 1 heure 15 minutes. L'eau de cuisson doit être totalement évaporée, et la viande parfaitement tendre et dorée. Égouttez la viande pour retirer l'excès de graisse, émincez-la finement et disposez-la dans un plat de service. Réchauffez les tortillas au micro-ondes ou une par une à la poêle, sur feu vif, puis enveloppez-les dans un linge propre pour les garder au chaud. Vous laisserez vos convives garnir eux-mêmes, à table, leurs tortillas de viande émincée. Accompagnez les tacos de guacamole, de sauce pico de gallo (recette p. 124), de frijoles refritos (recette p. 109) ou de frijoles de olla (recette p. 108).

Bon à savoir : le terme taco désigne des spécialités culinaires complètement différentes selon que l'on se réfère à la cuisine tex-mex, originaire du Texas, ou à la cuisine mexicaine. Au Mexique, un taco est tout simplement une tortilla chaude, souple, farcie de viande, de poisson, de légumes ou de fromage. Aux États-Unis, un taco est une tortilla de maïs frite et croustillante, pliée en forme de U. Elle est le plus souvent farcie de viande de bœuf hachée, et accompagnée de salade émincée, de tomates et de fromage râpé.

XINXIM DE GALINHA
POULET AUX NOIX DE CAJOU ET AUX CACAHUÈTES (Brésil)

6 pers. **Préparation : 30 min Cuisson : 1 h**

1 poulet découpé en 6 morceaux • 50 cl de bouillon de volaille • 2 oignons • 3 cl d'huile de palme ou dendê (épiceries exotiques) • 3 gousses d'ail • 20 g de noix de cajou • 20 g de cacahuètes • 40 g de crevettes séchées (épiceries exotiques) • 3 citrons verts • 1 cuil. à soupe de feuilles de coriandre ciselées • huile • sel, poivre

Réalisation

Hachez ou pilez ou mortier les crevettes séchées, les noix de cajou et les cacahuètes. Pressez les citrons, frottez les morceaux de poulet avec le jus. Épluchez et émincez finement les oignons et les gousses d'ail. Faites chauffer quelques cuillerées d'huile dans une sauteuse et faites-y dorer les morceaux de poulet sur toutes leurs faces. Égouttez et réservez. Dans la même sauteuse, faites suer les oignons et l'ail pendant quelques minutes. Ajoutez les crevettes, les noix de cajou et les cacahuètes. Remettez les morceaux de poulet dans la cocotte. Mouillez avec le bouillon, portez à ébullition et laissez mijoter, à couvert, pendant 30 minutes, en vérifiant au cours de la cuisson que la viande n'attache pas et en étendant, si besoin, le bouillon avec un peu d'eau. Ajoutez l'huile de palme et poursuivez la cuisson pendant 5 minutes. Rectifiez l'assaisonnement. Servez chaud, parsemé de coriandre ciselée.

LES POISSONS ET FRUITS DE MER

•

ARROZ CON MARISCOS RIZ AUX FRUITS DE MER (Venezuela)

4 à 6 pers. **Préparation : 45 min Cuisson : 45 min**

400 g de riz • 500 g de petites gambas crues • 400 g de filet de poisson blanc, sans peau ni arêtes • 18 coques • 3 tomates • 1 oignon • 5 gousses d'ail • 2 piments verts frais • 1 bouquet garni • 1 petit bouquet de coriandre fraîche • 300 g d'arêtes de poisson • 50 g de beurre • huile • gros sel • sel, poivre

Réalisation

Enlevez la tête et la carapace des gambas en prenant soin de laisser le dernier anneau et la queue, puis retirez le boyau central en leur incisant le dos. Réservez les têtes et les carapaces des gambas. Détaillez le poisson en morceaux d'environ 3 cm. Placez les gambas et le poisson dans deux plats séparés, salez et poivrez et réservez au réfrigérateur. Rincez les arêtes de poisson et les carapaces des gambas sous un filet d'eau froide. Égouttez-les et concassez les arêtes de poisson. Épluchez les oignons et émincez-les finement. Faites fondre le beurre dans une marmite, et faites suer la moitié de l'oignon émincé pendant 4 à 5 minutes, sans lui faire prendre coloration. Ajoutez les arêtes de poisson ainsi que les carapaces des gambas. Faites-les suer pendant quelques minutes, sans leur faire prendre coloration, puis mouillez avec 1 litre d'eau et ajoutez le bouquet garni. Portez à ébullition, et écumez. Poursuivez la cuisson pendant 20 minutes, à feu doux et à découvert. Filtrez le fumet de poisson en le passant au chinois. Lavez soigneusement les coques, en les plongeant à deux reprises dans de l'eau additionnée de 2 cuillerées à soupe de gros sel, et en les brassant plusieurs fois, puis égouttez-les. Faites ouvrir les coques sur feu vif dans un grand faitout, à couvert. Filtrez le jus de cuisson en le passant au chinois et ajoutez-le au fumet de poisson : vous devez obtenir au total 90 cl de liquide (au besoin, complétez avec de l'eau). Jetez les coques encore fermées.

Épluchez les gousses d'ail, retirez le germe, puis émincez la pulpe très finement. Ébouillantez les tomates, puis rafraîchissez-les avant de les peler, de les épépiner et de les détailler en petits dés. Retirez la queue des piments, puis fendez-les et épépinez-les avant de les détailler en fines lamelles. Rincez le riz sous un filet d'eau froide puis égouttez-le soigneusement. Faites chauffer un large filet d'huile dans une grande sauteuse. Faites-y revenir le reste de l'oignon, l'ail et les piments pendant 2 minutes. Jetez le riz dans la sauteuse et faites-le revenir pendant quelques minutes, en remuant, jusqu'à ce qu'il soit légèrement blond. Mouillez avec le fumet, puis les tomates. Couvrez et poursuivez la cuisson pendant 10 minutes. Incorporez le poisson et prolongez la cuisson de 5 minutes. Enfin, ajoutez les gambas et les coques, et poursuivez la cuisson pendant 5 minutes supplémentaires, toujours à couvert. Éteignez le feu et laissez le riz reposer 5 à 10 minutes dans la cocotte, à couvert. Rincez la coriandre sous un filet d'eau froide, puis égouttez-la et ciselez-la. Incorporez-la au riz, mélangez et rectifiez l'assaisonnement. Servez aussitôt.

CAMARONES RANCHEROS
CREVETTES À LA PAYSANNE (Mexique)

6 pers. **Préparation : 25 min Cuisson : 25 min**

2 kg de gambas crues • 2 oignons • 8 tomates • 3 piments verts • 6 gousses d'ail • 1 cuil. à café d'origan • huile d'olive • sel

Réalisation

Pelez et écrasez l'ail. Enlevez la tête et la carapace des gambas en prenant soin de laisser le dernier anneau et la queue, puis retirez le boyau central en leur incisant le dos. Arrosez les gambas d'huile d'olive, ajoutez l'ail et du sel et laissez-les mariner le temps de la préparation. Émincez finement l'oignon et faites-le suer pendant quelques minutes dans de l'huile d'olive. Ébouillantez les tomates, puis égouttez-les et pelez-les avant de les concasser. Versez les tomates sur les oignons, ajoutez l'origan, et laissez mijoter pendant une vingtaine de minutes. Fendez les piments verts en deux. Retirez les graines et les côtes blanchâtres puis émincez-les finement. Versez un filet d'huile d'olive dans une poêle, et faites-y revenir les gambas avec les piments pendant 4 à 5 minutes. Recouvrez les gambas avec la sauce à la tomate, et servez sans attendre.

HUACHINANGO A LA VERACRUZANA VIVANEAU À LA MODE DE VERACRUZ (Mexique)

4 pers. **Préparation : 25 min Cuisson : 1 h 10 min**

1 vivaneau ou 1 dorade d'environ 1,2 kg, écaillé(e) et vidé(e) par votre poissonnier • 2 piments verts • 12 gousses d'ail • 1 oignon • 1,5 kg de tomates • 20 olives vertes dénoyautées • 3 cuil. à soupe de persil plat finement ciselé • 3 feuilles de laurier • 1 cuil. à soupe de câpres au vinaigre, égouttées • 1 branche de thym • 1 cuil. à café d'origan séché • 1 citron vert • 6 cl d'huile d'olive • sel, poivre

Réalisation

Rincez le poisson sous un filet d'eau froide et épongez-le, puis incisez, sur chaque face, la peau et la chair de deux ou trois traits de couteau obliques. Pressez le citron vert. Pelez les gousses d'ail et retirez le germe. Écrasez huit gousses d'ail à l'aide d'un presse-ail au-dessus d'un bol, mélangez-les au jus de citron et ajoutez 1 cuillerée à café de sel. Frottez la peau et l'intérieur du poisson avec ce mélange. Réservez.

Préchauffez le four à 200 °C (th. 6-7). Ébouillantez les tomates, rafraîchissez-les, puis pelez-les et épépinez-les avant de les concasser. Épluchez l'oignon et émincez-le finement. Émincez les gousses d'ail restantes. Retirez les queues des piments verts, fendez-les en deux puis retirez les graines et les côtes blanchâtres. Détaillez la chair en larges lamelles. Versez l'huile d'olive dans une sauteuse. Quand elle est bien chaude, ajoutez l'oignon et faites le revenir pendant quelques minutes. Ajoutez l'ail et les piments, puis les tomates, le laurier, le thym, l'origan, les olives, les câpres et le persil. Salez et poivrez.

Poursuivez la cuisson pendant une dizaine de minutes, à feu doux et en remuant de temps en temps. Placez le poisson dans un large plat allant au four, ou dans la lèchefrite. Versez la sauce à la tomate sur le poisson, et enfournez pour 45 à 55 minutes. Servez avec du riz blanc.

LANGOSTA ENCHILADA
LANGOUSTE GRILLÉE PIMENTÉE (Cuba)

6 pers. **Préparation : 10 min Cuisson : 12 min**

3 langoustes crues • piment de Cayenne en poudre • huile d'olive • sel

Réalisation

Préchauffez le four à 210 °C (th. 7). Coupez les langoustes en deux dans le sens de la longueur. Assaisonnez la chair d'une pincée sel et d'une pincée de piment de Cayenne, puis arrosez-la d'un filet d'huile d'olive. Enfournez les langoustes pour 8 à 12 minutes. Servez sans attendre.

Conseil : si vous choisissez de cuisiner des langoustes vivantes, plongez-les quelques secondes dans une casserole d'eau bouillante avant de les couper en deux.

MOQUECA DE CAMARÃO CREVETTES AU LAIT DE COCO ET À L'HUILE DE PALME (Brésil)

6 pers. **Préparation : 20 min Cuisson : 15 min**

2 kg de gambas crues • 2 oignons • 4 tomates • 2 cuil. à soupe de coriandre ciselée • 3 citrons verts • 40 cl de lait de coco • 5 cl d'huile de palme ou dendê (épiceries exotiques) • 3 gousses d'ail écrasées • sel, poivre

Réalisation

Enlevez la tête et la carapace des gambas en prenant soin de laisser le dernier anneau et la queue, puis retirez le boyau central en leur incisant le dos. Pressez les citrons verts. Pelez et écrasez les gousses d'ail au-dessus d'un bol. Ajoutez le jus de citron, 1/2 cuillerée à café de sel et du poivre. Placez les gambas dans un plat, arrosez-les avec la marinade et laissez-les macérer le temps de la préparation. Épluchez et émincez l'oignon. Ébouillantez les tomates, puis égouttez-les, pelez-les et épépinez-les avant de les concasser. Versez l'huile de palme dans une sauteuse. Quand elle est bien chaude, versez l'oignon et faites-le suer pendant quelques minutes. Mouillez avec le lait de coco, ajoutez les tomates et laissez la sauce mijoter pendant une dizaine de minutes. Ajoutez les gambas égouttées, puis la coriandre finement ciselée. Poursuivez la cuisson pendant 5 minutes, à couvert et à feu doux. Servez avec du riz blanc.

Conseil : c'est le dendê, une huile très riche en cholestérol et en vitamine A, extraite du fruit du palmier à huile, qui donne à cette recette sa saveur et sa belle couleur jaune orangée. S'il vous est difficile d'en trouver, vous pouvez la remplacer par une combinaison d'huile d'olive et de paprika.

PEIXE AO LEITE DE COCO
POISSON AU LAIT DE COCO (Brésil)

6 pers. **Préparation : 20 min Macération : 1 h Cuisson : 20 min**

1,8 kg de poisson à chair ferme coupé en tronçons • 3 gousses d'ail écrasées • 2 oignons • 500 g de tomates • 1 cuil. à soupe de feuilles de coriandre ciselées • 2 poivrons verts • huile d'olive • 40 cl de lait de coco • 3 citrons verts • sel, poivre

Réalisation

Pressez les citrons verts. Pelez et écrasez les gousses d'ail au-dessus d'un bol. Ajoutez le jus de citron, 1/2 cuillerée à café de sel, du poivre et la coriandre ciselée. Placez les tronçons de poisson dans un plat et arrosez-les avec la marinade. Couvrez le plat de film alimentaire et placez-le au réfrigérateur pour 1 heure. Pelez et émincez finement les oignons. Ébouillantez les tomates, puis égouttez-les et pelez-les avant de les concasser. Détaillez les poivrons en petits dés. Faites chauffer l'huile d'olive dans une sauteuse et faites revenir les oignons et les poivrons pendant 5 minutes. Mouillez avec le lait de coco, ajoutez les tomates concassées et laissez mijoter pendant 5 à 10 minutes, en remuant de temps en temps. Ajoutez le poisson égoutté et poursuivez la cuisson pendant 10 minutes, à feu doux et à couvert. Servez avec du riz blanc.

PESCADO A LA CHORRILLANA POISSON AUX TOMATES ET AU PIMENT (Pérou)

6 pers. **Préparation : 25 min Cuisson : 25 min**

6 filets de poisson blanc à chair ferme • 2 oignons • 2 gousses d'ail • 6 tomates • 2 piments verts frais • 1 cuil. à soupe de coriandre ciselée • 100 g de farine • 1 citron vert • 12 cl d'huile • sel, poivre

Réalisation

Épluchez les oignons et émincez-les finement. Épluchez les gousses d'ail, retirez le germe puis écrasez la pulpe avec le plat d'un couteau. Retirez la queue des piments verts, puis fendez-les en deux dans le sens de la longueur. Retirez les graines et les côtes blanchâtres puis émincez-les. Plongez les tomates quelques secondes dans l'eau bouillante, rafraîchissez-les, puis pelez-les et épépinez-les avant de les concasser. Pressez le citron vert. Faites chauffer un filet d'huile dans une sauteuse et faites suer l'oignon. Ajoutez l'ail, les piments, les tomates concassées et la coriandre. Salez et poivrez. Laissez mijoter à feu doux pendant une quinzaine de minutes. Salez et poivrez les filets de poisson, puis roulez-les dans la farine. Faites chauffer le reste de l'huile dans une poêle. Plongez les poissons dans la friture et faites-les dorer des deux côtés. Égouttez-les et placez-les sur du papier absorbant pour retirer l'excès d'huile. Placez les poissons dans la sauteuse, sur les tomates et les piments. Couvrez et poursuivez la cuisson à couvert pendant 3 à 5 minutes. Arrosez le poisson de jus de citron vert, et servez accompagné de pommes de terre vapeur ou de riz blanc.

PESCADO A LA PARRILLA
POISSON GRILLÉ (Argentine, Chili)

4 pers. **Préparation : 15 min Cuisson : 20 min**

1 poisson entier d'environ 1,2 kg • 40 cl de sauce chimichurri (recette p. 121) ou pebre (recette p. 123) • sel, poivre

Réalisation

Demandez à votre poissonnier de vider le poisson, de ne pas l'écailler et de conserver la tête et la queue. Allumez le barbecue, laissez les flammes s'éteindre et entretenez de belles braises. À l'aide d'un long couteau effilé, incisez le poisson au niveau du dos sur toute sa longueur. Décollez la chair de chaque côté de l'arête centrale, en longeant l'arête avec la lame du couteau. Retirez l'arête puis ouvrez le poisson en deux, sans séparer les filets. Salez-le légèrement et poivrez-le. Recouvrez la grille du barbecue d'une feuille d'aluminium. Placez le poisson sur le barbecue, côté peau sur l'aluminium. Laissez-le cuire pendant 20 à 30 minutes, sans le retourner, et en enduisant sa chair à mi-cuisson de sauce chimichurri ou pebre. Ne prolongez pas la cuisson : le poisson s'assècherait. Servez aussitôt, avec, à part, le reste de sauce chimichurri ou pebre.

SALMÓN RELLENO
SAUMON FARCI (Chili)

6 pers. **Préparation : 15 min Cuisson : 40 min**

1 saumon entier d'environ 1,6 kg • 200 g de crevettes crues • 200 g de petites noix de pétoncle • 50 g de beurre • 1 citron vert • 2 échalotes • 4 cuil. à soupe de persil ciselé • sel, poivre noir • poivre blanc

Réalisation

Demandez à votre poissonnier d'écailler le saumon, de le vider et de le parer. Préchauffez le four à 200 °C (th. 6-7). Enlevez la tête et la carapace des crevettes en prenant soin de laisser le dernier anneau et la queue, puis retirez le boyau central en leur incisant le dos. Pressez le citron vert. Épluchez les échalotes et émincez-les finement. Placez le saumon sur une large feuille de papier sulfurisé ou d'aluminium, salez-le et poivrez-le. Garnissez l'intérieur du saumon avec les crevettes, les noix de pétoncle, les échalotes et le persil. Ajoutez le beurre coupé en petits morceaux et arrosez le saumon avec le jus de citron. Enfermez hermétiquement le saumon dans le papier sulfurisé ou l'aluminium, et placez-le sur une plaque ou la lèchefrite. Enfournez pour 40 à 50 minutes. Servez le saumon dans sa papillote.

VATAPÁ / MORUE AUX CREVETTES, AUX CACAHUÈTES ET AUX NOIX DE CAJOU (Brésil)

6 pers. **Préparation : 35 min Trempage : 12 h Cuisson : 25 min**

500 g de filet de morue salée • 150 g de petites crevettes roses cuites et décortiquées • 1 oignon • 1 gousse d'ail • 1 piment rouge frais • 400 g de pain de mie rassis • 100 g de cacahuètes non salées • 100 g de noix de cajou non salées • 60 g de crevettes séchées (épiceries exotiques) • 5 cl d'huile de palme ou dendê (épiceries exotiques) • 40 cl de lait de coco • 2 cuil. à soupe de feuilles de coriandre • 1 cuil. à soupe de gingembre frais râpé • sel, poivre

Réalisation

La veille, placez la morue dans un plat et recouvrez-la d'eau froide. Laissez-la dessaler pendant 12 heures, en changeant l'eau deux ou trois fois. Le jour même, plongez la morue dans une marmite d'eau froide, peau tournée vers le haut. Laissez l'eau frémir pendant 3 à 4 minutes, puis égouttez-la. Retirez la peau et les arêtes et émiettez la chair.

Réservez. Retirez la croûte du pain et émiettez grossièrement la mie. Versez-la dans un bol, arrosez-la avec 15 cl d'eau et laissez-la gonfler pendant 20 minutes, puis pressez-la entre vos mains pour l'essorer. Épluchez l'oignon et émincez-le grossièrement. Épluchez la gousse d'ail et dégermez-la. Fendez le piment en deux, puis épépinez-le et retirez les côtes blanchâtres. Dans le bol du robot, rassemblez les cacahuètes, les noix de cajou, les crevettes séchées, le gingembre, la coriandre, l'oignon, l'ail, le piment, le pain et le lait de coco. Mixez jusqu'à obtention d'une sauce épaisse, de consistance lisse et homogène. Versez l'huile de palme dans une grande sauteuse et faites-y revenir la morue émiettée et les crevettes pendant 5 minutes. Versez la sauce dans la sauteuse. Laissez mijoter à feu moyen, sans cesser de remuer, pendant 10 à 15 minutes. Quand la préparation prend l'aspect d'une purée et se détache de la casserole, arrêtez la cuisson. Rectifiez l'assaisonnement et servez.

HUEVOS RANCHEROS
ŒUFS À LA FERMIÈRE (Mexique)

4 pers. **Préparation : 15 min Cuisson : 20 min**

8 œufs • 8 tortillas • 1 oignon • 4 tomates • 1 gousse d'ail • 1 piment vert • huile • sel, poivre

Réalisation

Épluchez l'oignon et émincez-le. Épluchez la gousse d'ail, retirez le germe puis écrasez la pulpe avec le plat d'un couteau. Plongez les tomates quelques secondes dans l'eau bouillante, puis rafraîchissez-les avant de les peler, de les épépiner et de les concasser. Retirez la queue du piment, fendez-le en deux, retirez-en les graines et les côtes blanchâtres puis émincez-le finement. Faites chauffer un filet d'huile dans une sauteuse et faites revenir l'oignon pendant quelques minutes. Quand il commence à dorer, ajoutez l'ail et le piment, puis les tomates concassées. Faites cuire la sauce pendant quinze à vingt minutes, en remuant de temps en temps. Éteignez le feu, couvrez et réservez.

Versez 2 cm d'huile dans une sauteuse et, quand

elle est bien chaude, plongez-y les tortillas pendant quelques secondes, par deux ou trois. Les tortillas ne doivent pas dorer, ni croustiller, mais rester souples. Égouttez-les et placez-les sur du papier absorbant pour retirer l'excès d'huile. Faites chauffer un filet d'huile dans une poêle et faites cuire les œufs : le blanc doit être bien pris et le jaune crémeux. Salez et poivrez.
Pour servir : placez deux tortillas côte à côte dans chaque assiette, recouvrez-les avec deux œufs, puis nappez de sauce à la tomate. Servez bien chaud.

REVUELTO GRAMAJO
ŒUFS BROUILLÉS À LA GRAMAJO
(Argentine)

4 pers. **Préparation : 20 min Cuisson : 15 min**

8 œufs • 4 grosses pommes de terre • 200 g de jambon cru • huile • sel, poivre

Réalisation

Épluchez les pommes de terre et taillez-les en julienne. Lavez-les à l'eau froide puis épongez-les. Faites chauffer un bain d'huile à 180 °C, dans une friteuse ou une sauteuse. Quand l'huile est bien chaude, plongez les pommes de terre, jusqu'à ce qu'elles soient bien dorées et croustillantes. Égouttez-les et placez-les sur du papier absorbant pour retirer l'excès d'huile. Coupez le jambon en très fines lamelles. Versez un filet d'huile dans une poêle et quand elle est bien chaude, ajoutez le jambon et faites-le revenir jusqu'à ce qu'il soit bien doré et croustillant. Battez les œufs dans une terrine, salez et poivrez, puis versez-les dans la poêle, sur le jambon. Faites cuire les œufs à feu moyen sans cesser de mélanger avec une spatule en bois : ils doivent rester baveux. Ajoutez les pommes de terre frites, mélangez et servez sans attendre.

LES LÉGUMES ET ACCOMPAGNEMENTS

•

ARROZ A LA MEXICANA
RIZ À LA MEXICAINE (Mexique)

6 pers. **Préparation : 25 min Cuisson : 30 min**

600 g de riz • 500 g de tomates (soit 4 ou 5 tomates) • 1 cuil. à soupe de concentré de tomates • 1 oignon • 2 gousses d'ail • 150 g de petits pois écossés, frais ou surgelés • 3 carottes • huile • sel

Réalisation

Rincez le riz et égouttez-le soigneusement. Grattez les carottes, puis détaillez-les en petits dés. Ébouillantez les tomates, puis rafraîchissez-les avant de les peler et de les épépiner. Épluchez l'oignon et émincez-le grossièrement. Épluchez les gousses d'ail et retirez le germe.

Dans une sauteuse, faites chauffer un filet d'huile et faites revenir le riz jusqu'à ce qu'il commence à blondir, en remuant de temps en temps. Dans le bol du robot, mixez les tomates, l'oignon, l'ail et le concentré de tomates avec 20 cl d'eau. Versez cette préparation sur le riz et poursuivez la cuisson pendant une dizaine de minutes. Ajoutez 70 cl d'eau, les carottes, les petits pois et salez. Laissez cuire à couvert, sans remuer, pendant une vingtaine de minutes. Le riz doit être tendre et avoir absorbé tout le liquide. Au besoin, ajoutez un peu d'eau et poursuivez la cuisson. Éteignez le feu et laissez le riz reposer 5 à 10 minutes dans la sauteuse, à couvert. Égrenez le riz avec une fourchette et servez.

COUVE À MINEIRA
CHOU SAUTÉ (Brésil)

6 pers. **Préparation : 10 min Cuisson : 15 min**

1 chou chinois • 1/2 oignon • 100 g de beurre • sel

Réalisation

Détaillez le chou en fines lamelles. Épluchez l'oignon et émincez-le finement. Faites fondre le beurre dans une sauteuse. Faites suer l'oignon dans le beurre, sans lui faire prendre coloration. Ajoutez les lamelles de chou et remuez.

Poursuivez la cuisson, à découvert et à feu doux, en remuant de temps en temps. Le chou doit être encore légèrement croquant. Éteignez le feu et salez. Servez immédiatement.

FAROFA
FARINE DE MANIOC GRILLÉE (Brésil)

6 pers. **Préparation : 2 min Cuisson : 10 min**

300 g de farine de manioc (épiceries exotiques) • 1/2 oignon • 50 g de beurre • 1 cuil. à soupe de persil finement ciselé • sel

Réalisation

Épluchez l'oignon et émincez-le finement. Faites fondre le beurre dans une sauteuse. Faites suer l'oignon dans le beurre, sans lui faire prendre coloration. Ajoutez la farine de manioc et remuez. Poursuivez la cuisson, à feu très doux et en remuant, jusqu'à ce que la farine de manioc soit bien dorée. Éteignez le feu, salez et saupoudrez de persil ciselé. Servez immédiatement.

FRIJOLES DE OLLA
HARICOTS NOIRS EN SAUCE (Mexique)

4 pers. **Prép. : 15 min Trempage : 2 h Cuisson : 2 h 30 min**

500 g de haricots noirs secs, ou tout autre variété de haricots secs • 1 oignon • 1 bouquet garni • sel

Réalisation

Triez les haricots pour retirer les petits cailloux et rincez-les abondamment, puis couvrez-les d'eau froide et laissez-les tremper pendant 2 heures. Égouttez les haricots, versez-les dans une marmite ou une Cocotte-Minute et couvrez-les avec 1,5 litre d'eau. Ajoutez l'oignon coupé en deux, puis le bouquet garni. Faites cuire les haricots jusqu'à ce qu'ils soient tendres et que la peau se détache légèrement, soit environ 30 minutes à partir de la rotation de la soupape pour la Cocotte-Minute, et 2 heures 30 minutes à 3 heures dans une marmite traditionnelle, à couvert et à feu doux, en ajustant régulièrement le niveau d'eau si besoin. Ouvrez la marmite ou la Cocotte-Minute, salez et poursuivez la cuisson à découvert une dizaine de minutes, à feu vif. L'eau de cuisson doit réduire légèrement et former une sauce relativement épaisse. Retirez l'oignon et le bouquet garni avant de servir.

FRIJOLES REFRITOS
PURÉE DE HARICOTS NOIRS (Mexique)

6 pers. **Préparation : 10 min Cuisson : 15 min**

3 cuil. à soupe d'huile • 1 oignon • 800 g de frijoles de olla avec leur jus de cuisson (voir ci-contre) • 100 g de feta • sel

Réalisation

Épluchez l'oignon et émincez-le finement. Dans une sauteuse, versez un filet d'huile et faites revenir l'oignon pendant quelques minutes. Quand l'oignon commence à blondir, ajoutez les haricots et leur jus de cuisson. Poursuivez la cuisson pendant une quinzaine de minutes, à feu doux, en écrasant les haricots avec une fourchette. Vous devez obtenir une purée épaisse. Servez les frijoles refritos parsemés de feta émiettée, et accompagnés, si vous le souhaitez, de chips de maïs.

HUMITA
PURÉE DE MAÏS (Argentine)

4 à 6 pers. **Préparation : 30 min Cuisson : 20 min**

12 épis de maïs • 1/2 oignon • 1 poivron rouge • 2 tomates • 2 cuil. à soupe de basilic ciselé • 20 cl de lait • 50 g de fromage manchego râpé • 1 cuil. à café de paprika doux • huile • sel, poivre

Réalisation

Débarrassez les épis de maïs de leur gaine de feuilles, puis râpez-les avec une râpe à légumes. Épluchez le demi oignon et émincez-le finement. Détaillez le poivron rouge en petits dés. Ébouillantez les tomates puis rafraîchissez-les avant de les peler, de les épépiner et de les détailler en petits dés. Faites chauffer un filet d'huile dans une cocotte et faites revenir l'oignon et le poivron. Quand l'oignon commence à dorer, ajoutez le paprika, les tomates, le maïs et le lait. Salez et poivrez. Poursuivez la cuisson pendant 15 à 20 minutes, en remuant régulièrement pour que la purée n'attache pas. Éteignez le feu et incorporez le fromage râpé et le basilic ciselé. Mélangez et servez aussitôt.

MOROS Y CRISTIANOS
MAURES ET CHRÉTIENS (Cuba)

6 pers. **Préparation : 15 min Trempage : 2 h Cuisson : 1 h à 3 h**

200 g de haricots noirs • 350 g de riz • 100 g de lardons • 2 oignons • 1 poivron vert • 4 gousses d'ail • 6 cl d'huile • 1/2 cuil. à café de cumin moulu • 1 cuil. à café d'origan séché • 1 bouquet garni • sel, poivre

Réalisation

Triez les haricots pour retirer les petits cailloux, rincez-les abondamment, puis couvrez-les d'eau froide et laissez-les tremper pendant 2 heures. Égouttez-les, versez-les dans une marmite ou une Cocotte-Minute et couvrez-les avec 1 litre d'eau. Ajoutez 1 oignon coupé en deux, puis le bouquet garni. Faites cuire les haricots jusqu'à ce qu'ils soient tendres, soit environ 20 minutes à partir de la rotation de la soupape à la Cocotte-Minute, et 2 heures 30 minutes dans une marmite traditionnelle, à couvert et à feu doux, en ajustant régulièrement le niveau d'eau si besoin. Égouttez les haricots et réservez 80 cl de leur eau de cuisson (complétez avec de l'eau si la quantité se révélait insuffisante).

Rincez le riz et égouttez-le. Faites chauffer l'huile dans une poêle et ajoutez le riz. Faites-le revenir pendant 5 minutes en remuant constamment pour que chaque grain de riz soit enrobé d'huile. Éteignez le feu et réservez. Épluchez 1 oignon et émincez-les très finement. Retirez les graines et les côtes blanchâtres du poivron puis hachez-le. Épluchez les gousses d'ail et écrasez-les. Faites revenir les lardons dans une sauteuse, puis ajoutez les oignons, l'ail et le poivron, et faites-les suer pendant quelques minutes. Ajoutez les haricots noirs et 80 cl de leur eau de cuisson, puis du sel, du poivre, le cumin et l'origan. À l'ébullition, ajoutez le riz. Mélangez et couvrez. Poursuivez la cuisson à feu doux, sans remuer, pendant une vingtaine de minutes. Le riz doit être tendre et avoir absorbé tout le liquide. Au besoin, ajoutez un peu d'eau et poursuivez la cuisson. Éteignez le feu et laissez le riz reposer 5 à 10 minutes dans la sauteuse, à couvert, puis servez.

Bon à savoir : les Moros y Cristianos (les haricots noirs représentant les Moros, les Maures, et les grains de riz blanc les Cristianos, ou Chrétiens) représentent certainement le plat le plus célèbre de la cuisine cubaine. Cette combinaison de riz et de haricots noirs n'est pourtant pas une spécialité purement cubaine, puisqu'on la retrouve, sous le nom de gallo pinto ou congrí dans toutes les Caraïbes. Une variante très appréciée consiste à remplacer les haricots noirs par d'autres légumes secs : haricots rouges, lentilles ou pois chiches.

PAPAS CHORREADAS POMMES DE TERRE À LA CRÈME ET À LA TOMATE (Colombie)

6 pers. **Préparation : 15 min Cuisson : 30 min**

1,2 kg de pommes de terre nouvelles • 30 g de beurre • 1 oignon • 5 tomates • 10 cl de crème fraîche • 1 cuil. à soupe de feuilles de coriandre ciselées • 100 g de mozzarella • sel, poivre

Réalisation

Faites cuire les pommes de terre à l'eau bouillante ou à la vapeur, avec leur peau, jusqu'à ce qu'elles soient tendres, puis détaillez-les en tronçons et réservez-les au chaud. Épluchez et émincez l'oignon. Ébouillantez les tomates, puis pelez-les et épépinez-les avant de les concasser. Faites fondre le beurre dans une sauteuse et faites revenir l'oignon pendant quelques minutes. Quand il commence à blondir, ajoutez les tomates et laissez cuire 5 minutes. Incorporez ensuite la crème et la coriandre. Ajoutez la mozzarella détaillée en dés, et poursuivez la cuisson jusqu'à ce que le fromage soit totalement fondu. Salez et poivrez. Versez cette sauce sur les pommes de terre, et servez immédiatement.

PLÁTANOS MACHOS FRITOS
BANANES PLANTAINS FRITES
(Amérique latine)

4 pers. **Préparation : 5 min Cuisson : 5 min**

2 bananes plantains mûres • huile de friture • sel

Réalisation

Faites chauffer un bain d'huile à 180 °C, dans une sauteuse ou une friteuse. Épluchez les bananes et coupez-les en biais, en tranches d'environ 5 mm d'épaisseur. Plongez-les dans l'huile chaude, jusqu'à ce qu'elles soient bien dorées, puis égouttez-les et placez-les sur du papier absorbant. Salez. Servez chaud.

Conseil : ne jetez pas les bananes plantains dont la peau serait devenue totalement noire : elles ne sont pas gâtées (comme pourraient l'être des bananes fruits), mais tout simplement… mûres !

TORTILLAS DE HARINA TORTILLAS DE BLÉ (Mexique)

10 pièces env. **Prép. : 15 min Repos : 30 min Cuisson : 15 min**

200 g de farine de blé • 50 g de beurre • 1 pincée de sel • 1 pincée de sucre

Réalisation

Coupez le beurre en petits morceaux. Tamisez la farine avec le sel et le sucre et versez-les dans un saladier. Incorporez le beurre à la farine en l'effritant avec vos doigts. Ajoutez 10 cl d'eau peu à peu, en malaxant la pâte avec vos mains. La pâte doit être souple et ne doit pas coller : ajustez au besoin les quantités d'eau ou de farine. Formez dix boules de taille égale et aplatissez-les légèrement. Recouvrez-les d'un torchon propre et laissez-les reposer 30 minutes. Farinez légèrement un rouleau à pâtisserie et abaissez les boules de pâte. Vous devez obtenir des disques d'environ 25 cm de diamètre. Faites chauffer une poêle à fond antiadhésif à feu vif. Quand la poêle est bien chaude, placez-y un disque de pâte, et laissez-le cuire environ 30 secondes de chaque côté. Si, lors de la cuisson, la tortilla gonfle, aplatissez-la avec une spatule. Ne prolongez pas la cuisson : la tortilla s'assécherait. Enveloppez les tortillas au fur et à mesure de leur préparation dans un torchon propre pour qu'elles restent chaudes.

TORTILLAS DE MAÍZ
TORTILLAS DE MAÏS (Mexique)

10 pièces env. **Préparation : 15 min Cuisson : 15 min**

160 g de farine de maïs « nixtamalisé » pour tortillas

Réalisation

Avec vos mains, malaxez la farine de maïs et 25 cl d'eau pour former une pâte souple. Si la pâte est collante, ajoutez un peu de farine. Si, en revanche, elle vous semble trop sèche, incorporez un peu plus d'eau, cuillerée par cuillerée. Formez des boules de la taille d'une balle de golf. Posez chaque boule de pâte entre deux feuilles de plastique alimentaire et écrasez-les à l'aide d'une presse à tortillas. Si vous ne disposez pas de presse, abaissez-les à l'aide d'un rouleau à pâtisserie ou écrasez-les avec le fond d'une casserole : vous devez obtenir des disques d'environ 15 cm de diamètre. Si vous souhaitez obtenir des tortillas parfaitement rondes, utilisez un emporte-pièce ou une assiette. Faites chauffer une poêle à fond anti-adhésif à feu vif. Quand la poêle est bien chaude, placez-y un disque de pâte, et laissez-le cuire 40 secondes, jusqu'à l'apparition de marques couleur café. Retournez-le et poursuivez la cuisson environ 40 secondes. Ne prolongez pas la cuisson : la tortilla s'assécherait. Enveloppez les tortillas au fur et à mesure de leur préparation dans un torchon propre pour qu'elles restent chaudes.

Conseil : la farine de maïs « nixtamalisé », ou nixtamal, est obtenue à partir de grains de maïs cuits dans un mélange d'eau et de chaux éteinte. Ne la confondez pas avec la Maïzena, ou fécule de maïs. Vous la trouverez, commercialisée sous la marque Maseca ou Minsa, dans certaines épiceries exotiques.

Bon à savoir : les tortillas sont la base de l'alimentation mexicaine. Si les tortillas de blé sont une spécialité du nord du Mexique, les tortillas de maïs sont les plus populaires et les plus consommées à travers le pays. Elles sont réalisées à partir d'une pâte préparée avec des grains de maïs cuits dans un mélange d'eau et de chaux, avant d'être broyés. Les tortillas accompagnent la plupart des repas ; elles sont alors servies chaudes, dans des petites corbeilles recouvertes d'un linge en coton. Elles sont aussi utilisées pour confectionner de nombreux plats simples et savoureux, tels que : les quesadillas, garnies de fromage et pliées en deux ; les enchiladas, garnies de viande puis roulées, recouvertes de sauce et gratinées au four ; ou les célèbres tacos, garnis de viande cuite, de légumes ou de poisson.
Les tortillas se consomment également frites. Entières, elles sont appelées tostadas. Coupées en triangles, elles deviennent les totopos que l'on déguste accompagnés de purée de haricots noirs, ou de guacamole.

VERDURAS ASADAS
LÉGUMES GRILLÉS (Argentine)

6 pers. **Préparation : 15 min Cuisson : 30 min**

3 courgettes • 2 aubergines • 2 poivrons rouges • 2 oignons • 4 tomates • 5 gousses d'ail • 1 cuil. à soupe de persil ciselé • 1 cuil. à soupe de basilic ciselé • 1 cuil. à café d'origan séché • huile d'olive • sel, poivre

Réalisation

Allumez le barbecue, laissez les flammes s'éteindre et entretenez de belles braises. Épluchez les gousses d'ail, retirez le germe, puis écrasez-les. Détaillez les aubergines et les courgettes en lamelles épaisses. Épluchez les oignons et coupez-les en deux. Retirez la queue des poivrons, coupez-les en deux dans le sens de la longueur, puis retirer les graines et les côtes blanchâtres. Placez les aubergines, les oignons, les poivrons, les courgettes et les tomates entières dans un plat, arrosez d'un large filet d'huile d'olive et ajoutez l'ail. Mélangez. Placez les légumes sur la grille du barbecue et faites-les cuire pendant 20 à 30 minutes au-dessus des braises, en les retournant à mi-cuisson. Placez les légumes dans un plat, coupez les tomates en deux. Salez, poivrez et parsemez d'origan, de persil et de basilic.

•

CHIMICHURRI (Argentine)

40 cl env. **Préparation : 5 min Attente : 3 h**

15 cl d'huile d'olive • 10 cl de vinaigre de vin • 6 gousses d'ail • 2 petits oignons grelots • 4 cuil. à soupe de persil finement ciselé • 1 cuil. à soupe de romarin ou de thym séché • 1 cuil. à soupe d'origan séché • 1 cuil. à café de poivre noir du moulin • 1 pincée de piment de Cayenne moulu • 1 pincée de cumin moulu • 1 cuil. à café de gros sel

Réalisation

Portez 8 cl d'eau à ébullition avec le gros sel. Quand le sel est dissous, éteignez le feu et laissez l'eau refroidir. Pelez les gousses d'ail, retirez le germe et hachez-les. Émincez les oignons très finement. Émulsionnez l'huile d'olive avec le vinaigre et l'eau salée et ajoutez les autres ingrédients. Laissez reposer la sauce 2 à 3 heures avant de servir. Cette sauce accompagne les parrilladas et les viandes rôties.

MÔLHO DE PIMENTA E LIMÃO
SAUCE AUX PIMENTS ET AU CITRON
(Brésil)

25 cl env. **Préparation : 15 min Attente :.1 h**

6 piments verts • 1 oignon • 1 gousse d'ail • 12 cl de jus de citron vert fraîchement pressé • 1/2 cuil. à café de sel, ou plus selon les goûts

Réalisation

Retirez la queue des piments, puis fendez-les en deux dans le sens de la longueur. Retirez les graines et les côtes blanchâtres. Pelez la gousse d'ail et enlevez le germe. Pelez l'oignon et émincez le. Dans le bol du robot, rassemblez le jus de citron, les piments, l'oignon, l'ail et le sel. Mixez jusqu'à obtention d'une sauce lisse et homogène. Laissez reposer la sauce 1 heure au frais avant de servir. Servez en assaisonnement de la vatapá (recette p. 99) ou de la feijoada (recette p. 64).

PEBRE (Chili)

40 cl env. **Préparation : 15 min Attente : 3 h**

15 cl d'huile pimentée • 10 cl de vinaigre de vin • 1 petit bouquet de coriandre fraîche • 1 tomate • 1 oignon • 3 gousses d'ail • 1 cuil. à café de gros sel

Réalisation

Portez 8 cl d'eau à ébullition avec le gros sel. Quand le sel est dissous, éteignez le feu et laissez l'eau refroidir. Ébouillantez la tomate puis rafraîchissez-la avant de la peler et de l'épépiner. Détaillez-la en petits dés. Pelez les gousses d'ail, retirez le germe et hachez la pulpe. Épluchez l'oignon et hachez-le. Rincez la coriandre sous un filet d'eau froide, puis égouttez-la et ciselez-la. Émulsionnez l'huile pimentée avec le vinaigre et l'eau, puis ajoutez les autres ingrédients. Mélangez. Laissez reposer la sauce 2 à 3 heures avant de la servir, en accompagnement de viandes ou de poissons, grillés ou rôtis.

PICO DE GALLO SAUCE MEXICAINE (Mexique)

40 cl env. **Préparation : 15 min Attente : 15 min**

500 g de tomates • 1 oignon • 1 petit bouquet de coriandre fraîche • 2 piments verts • 2 cuil. à soupe de jus de citron vert • 1/2 cuil. à café de sel, ou plus selon les goûts

Réalisation

Épépinez les tomates mais ne les pelez pas. Coupez-les en petits dés d'environ 5 mm de côté. Épluchez et émincez l'oignon. Rincez la coriandre sous un filet d'eau froide, puis égouttez-la et ciselez-la. Retirez la queue des piments, puis fendez-les en deux. Enlevez les graines et les côtes blanchâtres puis émincez-les finement. Dans un saladier, réunissez les dés de tomate, l'oignon, les piments, la coriandre, le jus de citron vert et le sel. Mélangez. Laissez reposer 15 minutes avant de déguster.

SALSA VERDE
SAUCE AUX TOMATES VERTES (Mexique)

40 cl env. **Préparation : 15 min Cuisson : 20 min**

300 g de tomates vertes (tomatillos) en conserve (épiceries exotiques) • 2 piments verts frais • 1 oignon • 1 gousse d'ail pelée • 1 petit bouquet de coriandre • 1/2 cuil. à café de sel, ou plus selon les goûts

Réalisation

Plongez les piments dans une casserole d'eau bouillante et laissez-les cuire pendant 20 minutes. Égouttez-les et conservez l'eau de cuisson. Retirez-en la queue, puis fendez-les en deux et épépinez-les. Épluchez l'oignon et émincez-le grossièrement. Épluchez la gousse d'ail et retirez le germe. Rincez la coriandre sous un filet d'eau froide, puis égouttez-la et ciselez-la. Dans le bol du robot, rassemblez les tomates vertes égouttées, les piments, l'oignon, l'ail, la coriandre, le sel et une louche de l'eau de cuisson des piments. Mixez jusqu'à obtention d'une sauce lisse et homogène.

Conseil : vous pouvez conserver la salsa verde

jusqu'à trois jours au réfrigérateur. Elle aura cependant tendance à se figer et à devenir gélatineuse en refroidissant. Il vous suffira alors de la réchauffer quelques instants à feu très doux, avant de la servir à température ambiante.

Bon à savoir : vous pensiez que les tomates vertes étaient de banales tomates tout simplement récoltées avant maturité ? Vous vous trompiez ! Les tomates vertes, que l'on appelle également tomatillos, appartiennent en réalité à la famille des physalis. Ces fruits, au goût frais et acide, sont un des ingrédients essentiels de la cuisine mexicaine.

ABACAXI ASSADO
ANANAS RÔTI À LA CANNELLE (Brésil)

4 à 6 pers. **Préparation : 15 min Cuisson : 15 min**

1 ananas • 150 g de miel • 2 cuil. à soupe de cannelle en poudre • 2 clous de girofle

Réalisation

Préchauffez le four à 200 °C (th. 6-7). Écrasez les clous de girofle dans un mortier. Retirez le plumet de l'ananas, puis épluchez-le. Coupez-le en quatre dans le sens de la longueur et retirez le cœur, dur et fibreux. Dans une petite casserole, faites chauffer à feu doux le miel avec la cannelle et le clou de girofle. Placez les quartiers d'ananas dans un plat allant au four, et recouvrez-les avec le miel aux épices. Enfournez pour 15 minutes, en arrosant régulièrement les quartiers d'ananas avec le miel, et en les retournant à mi-cuisson. Détaillez l'ananas en tranches fines et servez-le, encore tiède, accompagné d'une boule de glace à la vanille ou à la noix de coco.

ALFAJOR DE MAICENA
BISCUIT À LA CONFITURE DE LAIT
(Argentine)

25 pièces env. **Prép. : 45 min Repos : 1 h Cuisson : 20 min**

200 g de beurre à température ambiante • 150 g de sucre glace • 1 œuf + 2 jaunes • 250 g de Maïzena • 250 g de farine de blé (type 55) • 1 citron non traité • 1 sachet de levure chimique • 500 g de confiture de lait • 150 g de noix de coco râpée

Réalisation

Râpez le zeste du citron. Tamisez la farine avec la Maïzena et la levure chimique. Battez le beurre avec le sucre glace jusqu'à obtention d'un mélange crémeux. Incorporez l'œuf, puis les jaunes d'œufs un par un, le zeste de citron, et enfin les farines. Ramassez la pâte en boule, enveloppez-la de film alimentaire et laissez-la reposer 1 heure au réfrigérateur.

Préchauffez le four à 180 °C (th. 6). Abaissez la pâte sur une épaisseur d'environ 5 mm sur un plan de travail légèrement fariné. À l'aide d'un emporte-pièce ou d'un verre, découpez des cercles d'environ 4 cm de diamètre. Réunissez les chutes de pâte, et formez une boule que vous abaisserez pour y découper une nouvelle série de cercles. Répétez l'opération jusqu'à épuisement de la pâte. Déposez les biscuits sur une feuille de papier sulfurisé ou une plaque beurrée, en ménageant des intervalles de 2 à 3 cm, et enfournez pour 15 à 20 minutes. Surveillez bien la cuisson : les biscuits ne doivent pas dorer. Laissez les biscuits refroidir, puis décollez-les. Étalez sur la surface d'un biscuit une couche généreuse de confiture de lait, puis recouvrez-la avec un autre biscuit. Enfin, roulez le bord de l'alfajor dans la noix de coco râpée. Répétez l'opération jusqu'à épuisement des biscuits.

Conseil : si vous voulez gagner du temps, sachez que cette pâte à biscuit se congèle très bien : vous pouvez la conserver jusqu'à trois mois au congélateur. Il suffit alors de la faire décongeler en la plaçant au réfrigérateur la veille de son utilisation. Vous pouvez également conservez les biscuits, une fois cuits mais non encore garnis de confiture de lait, quelques semaines à température ambiante, dans une boîte hermétiquement fermée.

ARROZ CON LECHE
RIZ AU LAIT (Amérique latine)

4 à 6 pers. **Préparation : 5 min Cuisson : 50 min**

100 g de riz rond • 1 l de lait • 1 bâton de cannelle • 1 gousse de vanille • 1 œuf • 50 g de raisins secs • 30 g de cerneaux de noix (facultatif) • 70 g de sucre en poudre • cannelle en poudre

Réalisation

Portez le lait à ébullition avec la gousse de vanille que vous aurez fendue en deux dans le sens de la longueur. Aux premiers bouillons, ajoutez le bâton de cannelle et le riz. Poursuivez la cuisson pendant 35 à 45 minutes, à feu très doux et en remuant régulièrement. Le riz doit être très tendre mais ne doit pas avoir absorbé tout le lait. Cassez l'œuf dans un saladier, ajoutez le sucre et battez le tout vigoureusement jusqu'à ce que le mélange blanchisse. Retirez la gousse de vanille et le bâton de cannelle du lait bouillant et versez l'appareil œuf-sucre sans cesser de remuer. Laissez épaissir le riz au lait à feu doux pendant 5 minutes, sans cesser de remuer. Retirez du feu, ajoutez les raisins secs et les noix. Versez le riz au lait dans une jatte ou des ramequins et laissez-le refroidir. Dégustez bien frais, saupoudré de cannelle en poudre.

Conseil : placez le film plastique au contact du riz au lait pour éviter qu'une peau ne se forme à la surface pendant le refroidissement.

CAFÉ DE OLLA
CAFÉ À LA CANNELLE (Mexique)

6 pers. **Préparation : 1 min Cuisson : 5 min**

100 g de sucre roux • 1 bâton de cannelle • 60 g de café moulu

Réalisation

Faites bouillir 1 litre d'eau avec le sucre et la cannelle. Une fois le sucre dissous, éteignez le feu et ajoutez le café. Couvrez et laissez infuser pendant 5 minutes. Filtrez, puis servez.

Bon à savoir : cette boisson mexicaine tire son nom de la olla, le récipient en terre cuite dans lequel elle est préparée. On la sert le matin, ou, plus fréquemment, le soir, agrémenté parfois d'un soupçon de rhum ou de brandy, pour clore un dîner traditionnel.

CREMA DE ABACATE
CRÈME D'AVOCAT (Brésil)

6 pers. **Préparation : 5 min Attente : 2 h**

3 avocats mûrs • 9 cuil. à soupe de sucre glace • 1 citron vert non traité

Réalisation

Au moins 2 heures avant de réaliser cette recette, placez les avocats au réfrigérateur et six petites coupes ou verrines ou congélateur. Coupez les avocats en deux, retirez les noyaux, et évidez-les. Râpez le zeste du citron et pressez le fruit. Dans le bol du robot, rassemblez la chair des avocats, 6 cuillerées à soupe de jus de citron vert et le sucre glace. Mixez jusqu'à obtention d'une crème parfaitement lisse. Versez la dans les coupes ou verrines glacées et décorez avec un filament de zeste de citron vert (facultatif). Servez sans attendre.

Conseil : réalisez ce dessert juste avant de le servir, vous éviterez ainsi que la chair des avocats ne s'oxyde et ne noircisse.

CREPAS CON CAJETA Y TEQUILA CRÊPES À LA CONFITURE DE LAIT FLAMBÉES À LA TEQUILA (Mexique)

6 pers. **Préparation : 15 min Attente : 1 h Cuisson : 15 min**

250 g de farine • 50 cl de lait • 3 œufs • 350 g de confiture de lait • 50 g de beurre fondu • 70 g de beurre froid • 6 cl de tequila • 50 g de sucre • 35 cl de jus d'orange • 1 cuil. à café d'extrait de vanille liquide • sel

Réalisation

Battez les œufs avec une fourchette. Versez la farine dans un saladier, faites-y un puits et versez les œufs battus, le beurre fondu, 20 g de sucre et une pincée de sel. Incorporez le lait peu à peu tout en fouettant énergiquement. Laissez la pâte reposer au moins 1 h. Faites cuire les crêpes dans une poêle à crêpes beurrée ou huilée, et empilez-les les unes sur les autres sur une assiette pour les maintenir chaudes. Nappez les crêpes avec la confiture de lait, puis pliez-les en quatre. Dans une poêle, faites fondre 70 g de beurre et 30 g de sucre. Ajoutez le jus d'orange et l'extrait de vanille liquide, et laissez mijoter à feu très doux pendant 5 minutes. Éteignez le feu et passez les crêpes une par une dans la poêle en les recouvrant abondamment de sauce. Disposez les crêpes sur un plat de service chaud. Faites chauffer la tequila dans une petite casserole, et versez-la sur les crêpes. Flambez et servez aussitôt.

DULCE DE LECHE
CONFITURE DE LAIT (Amérique latine)

2 pots de 350 g **Préparation : 5 min Cuisson : 1 h 30 min**

2 l de lait entier • 500 g de sucre en poudre • 1 gousse de vanille fendue en deux • 1 pincée de bicarbonate de soude

Réalisation

Portez le lait et la gousse de vanille à ébullition. Aux premiers frémissements, ajoutez le sucre et le bicarbonate de soude, remuez et baissez le feu. Poursuivez la cuisson pendant environ 1 h30 à feu très doux en remuant toutes les 5 à 10 minutes. Quand le lait commence à épaissir et fonce légèrement, tournez plus fréquemment et surveillez attentivement la cuisson. Le dulce de leche est prêt lorsqu'une goutte versée sur une assiette, puis placée 2 à 3 minutes au réfrigérateur, se fige. Retirez la gousse de vanille, puis versez immédiatement cette confiture dans des pots en verre parfaitement propres et préalablement ébouillantés. Fermez les pots sans attendre que le dulce de leche refroidisse, puis retournez-les pour que le vide se fasse. Conservez les pots non entamés dans un endroit sec et frais, et les pots entamés au réfrigérateur.

Variante : une autre méthode, plus rapide, consiste à placer une boîte de lait concentré sucré fermée dans une Cocotte-Minute, de la couvrir largement d'eau, puis de la faire cuire pendant 30 minutes à partir de la rotation de la soupape. Mais attention ! Si vous ne voulez pas que la confiture de lait ne vous explose à la figure, ne soyez pas trop gourmands : attendez que la boîte soit complètement refroidie avant de l'ouvrir !

Bon à savoir : on trouve la confiture de lait dans tous les pays d'Amérique latine, sans exception. Dulce de leche, cajeta, leche quemada, arequipe, manjar… selon les régions, les appellations diffèrent, mais les ingrédients restent les mêmes : du lait de vache ou de chèvre, et du sucre. La douce saveur caramélisée de cette confiture est à la base d'innombrables desserts : gâteaux, crèmes, flans ou glaces. Vous pouvez également choisir de la déguster tartinée sur du pain ou, plus simplement… à la petite cuillère !

EMPANADAS DE MANZANA Y CANELA CHAUSSONS AUX POMMES ET À LA CANNELLE (Argentine)

12 pièces env. **Prép. : 30 min Repos : 1 h Cuisson : 30 min**

500 g de farine • 100 g de beurre • 800 g de pommes (environ 5 pommes) • 50 g de sucre • 1 zeste d'orange • 1 bâton de cannelle • 1 cuil. à soupe de cannelle en poudre • 2 clous de girofle • 2 cuil. à soupe de liqueur d'orange • 2 cuil. à soupe de raisins secs • sucre glace • huile • sel

Réalisation

Préparez la pâte : versez la farine et 1/2 cuillerée à café de sel dans un saladier, puis incorporez 100 g de beurre coupé en petits morceaux en effritant le mélange avec vos doigts. Versez 25 cl d'eau peu à peu, en malaxant la pâte avec vos doigts : elle doit être souple, et ne doit pas coller. Ramassez la pâte en boule, enveloppez-la dans

une feuille de plastique alimentaire et laissez-la reposer pendant 1 heure au réfrigérateur.
Pendant ce temps, préparez la farce : épluchez les pommes, coupez-les en quartiers, retirez le cœur et les pépins, puis détaillez-les en tranches fines. Versez-les dans une casserole, ajoutez la liqueur et le zeste d'orange, le sucre, les clous de girofle et le bâton de cannelle. Faites cuire à feu doux pendant 10 minutes, en remuant fréquemment pour que les pommes n'attachent pas. Ajoutez les raisins secs et poursuivez la cuisson pendant 10 minutes supplémentaires. Laissez refroidir, puis retirez le bâton de cannelle et les clous de girofle.
Abaissez la pâte sur une épaisseur d'environ 3 mm sur un plan de travail légèrement fariné. À l'aide d'un emporte-pièce ou d'un bol, découpez des cercles d'environ 15 cm de diamètre. Réunissez les chutes de pâte et formez une boule que vous abaisserez pour y découper une nouvelle série de cercles. Déposez 1 cuillerée à soupe de farce au milieu de chaque cercle, en ménageant des bords d'environ 1 cm. Humectez légèrement les bords du cercle avec un peu d'eau. Pliez la pâte et scellez les bords en appuyant fortement. Enfin, formez un petit cordon en pinçant puis

retournant les bords de chaque empanada. Faites chauffer un bain d'huile à 180 °C. Plongez les empanadas, par deux ou trois, jusqu'à ce qu'elles soient bien dorées. Égouttez-les et déposez-les sur du papier absorbant pour éliminer l'excès d'huile. Saupoudrez les empanadas de sucre glace et de cannelle en poudre, et servez chaud ou tiède.

FLAN DE ALMENDRAS
CRÈME RENVERSÉE AUX AMANDES
(Mexique)

4 à 6 pers. **Préparation : 15 min Cuisson : 40 min**

45 cl de lait • 3 œufs • 130 g de sucre • 2 cuil. à soupe d'amandes en poudre • 100 g d'amandes effilées • 1 gousse de vanille • 1 cuil. à soupe d'amaretto ou quelques gouttes d'extrait d'amande amère

Réalisation

Préchauffez le four à 180 °C (th. 6). Faites chauffer le lait avec une gousse de vanille que vous aurez préalablement fendu en deux dans le sens de la longueur. À l'ébullition, arrêtez le feu, ajoutez la poudre d'amandes, puis l'amaretto ou l'extrait d'amande amère, et couvrez. Préparez un caramel avec 100 g de sucre, et appliquez-le au fond et contre les bords de ramequins. Battez les œufs avec le sucre restant. Retirez la gousse de vanille du lait chaud puis versez le lait sur le mélange sucre-œufs sans cesser de remuer. Versez la préparation dans les ramequins, placez-les dans un bain-marie et enfournez pour 30 à 40 minutes. Vérifiez la cuisson en touchant le centre de la crème du bout du doigt : il doit être légèrement résistant. Sortez les ramequins du four, laissez-les refroidir puis placez-les au réfrigérateur pour au moins 6 heures. Démoulez les crèmes, et servez-les parsemées d'amandes effilées, préalablement grillées à sec.

Conseil : pour démouler les crèmes sans encombre, attendez qu'elles soient parfaitement froides, et décollez préalablement les bords avec la lame d'un couteau.

FLAN DE QUESO
FLAN AU FROMAGE (Venezuela)

6 pers. **Préparation : 10 min Cuisson : 40 min**

250 g de ricotta • 3 œufs • 5 cl de lait • 100 g de sucre • 30 g de Maïzena • 1 petit citron vert

Réalisation

Préchauffez le four à 180 °C (th. 6). Pressez le citron vert. Dans le bol du robot, mixez la ricotta avec le lait, le jus de citron, le sucre et la Maïzena. Ajoutez les œufs et mixez de nouveau jusqu'à obtention d'un mélange parfaitement lisse et homogène. Versez la préparation dans un moule, ou des ramequins, placez-le dans un bain-marie, et enfournez pour 30 à 40 minutes. Servez tiède ou froid.

FRUTAS A LA PARRILLA
FRUITS GRILLÉS AU BARBECUE (Argentine)

6 pers. **Préparation : 10 min Cuisson : 20 min**

1 ananas • 2 bananes • 2 pommes • 2 pêches ou tout autre fruit de saison

Réalisation

Allumez le barbecue, laissez les flammes s'éteindre et entretenez de belles braises. Lavez les fruits, épluchez et coupez les pommes et les pêches en deux, sans les éplucher. Coupez l'ananas en deux dans le sens de la longueur, puis en larges quartiers. Épluchez les bananes. Placez les fruits au-dessus des braises, côté peau sur la grille du barbecue. Faites-les cuire 10 minutes.

Retournez-les, et poursuivez la cuisson 10 minutes supplémentaires. Servez chaud ou tiède, avec une boule de glace à la vanille.

MAJARETE
CRÈME DE MAÏS (Cuba)

4 à 6 ramequins **Prép. : 10 min Cuisson : 15 min Repos : 2 h**

60 cl de lait • 250 g de maïs doux en boîte (poids égoutté) • 100 g de sucre en poudre • 2 cuil. à soupe bombées de Maïzena • 1 bâton de cannelle • 1 zeste de citron vert • cannelle en poudre

Réalisation

Égouttez le maïs. Dans le bol du robot, mixez les grains de maïs avec le lait et la Maïzena. Passez le mélange au chinois et versez-le dans une casserole. Ajoutez le sucre, le bâton de cannelle et le zeste de citron vert. Faites cuire la crème à feu doux, sans cesser de remuer, jusqu'à ce qu'elle épaississe. Retirez le bâton de cannelle et le zeste de citron, et versez la crème dans des ramequins. Laissez tiédir, puis recouvrez les ramequins de film plastique. Placez au réfrigérateur au moins 2 heures. Servez bien frais, saupoudré de cannelle en poudre.

Variante : remplacez 15 cl de lait par du lait de coco.

MOUSSE DE MANGO
MOUSSE À LA MANGUE (Mexique)

4 pers. **Préparation : 10 min Cuisson : 2 min Repos : 4 h**

750 g de mangues bien mûres (soit 2 ou 3 mangues) • 50 g de sucre roux • 1 cuil. à soupe de jus de citron vert • 3 feuilles de gélatine alimentaire • 3 blancs d'œufs • sel

Réalisation

Faites tremper les feuilles de gélatine dans un bol d'eau froide. Épluchez les mangues et retirez le noyau : vous devez obtenir environ 600 g de pulpe. Mixez la pulpe de mangue et versez-la dans une casserole. Ajoutez les feuilles de gélatine essorées, et faites chauffer le tout à feu très doux pendant quelques minutes, en remuant, jusqu'à ce que la gélatine soit parfaitement dissoute. Laissez refroidir. Battez les blancs d'œufs additionnés du jus de citron et d'une pincée de sel à vitesse lente. Quand le mélange est bien monté, placez le batteur sur la position la plus rapide et ajoutez le sucre d'un seul coup pour serrer les œufs. À l'aide d'une spatule, incorporez délicatement les œufs en neige à la purée de mangue. Versez dans des ramequins, et laissez reposer au réfrigérateur pendant 4 heures.

PASTEL DE TRES LECHES GÂTEAU AUX TROIS LAITS (Mexique)

8 pers. **Préparation : 25 min Cuisson : 30 min**

6 œufs • 200 g de sucre • 200 g de farine • 1 sachet de levure chimique • 1 boîte de 390 g de lait concentré non sucré • 1 boîte de 390 g de lait concentré sucré • 25 cl de lait • 1 cuil. à soupe de rhum brun • 1 cuil. à café d'extrait de vanille liquide • 500 g de crème Chantilly • beurre

Réalisation

Préchauffez le four à 180 °C (th. 6). Tamisez la farine avec la levure chimique. Séparez les blancs des jaunes d'œufs. Travaillez les jaunes avec le sucre jusqu'à blanchissement, puis incorporez la farine et la levure. Battez les six blancs d'œufs en neige ferme et incorporez-les délicatement à l'appareil précédent. Beurrez et farinez un moule à manqué de 26 cm de diamètre, et versez-y la pâte. Enfournez pour 30 minutes. Vérifiez la cuisson en plantant la lame d'un couteau au centre du gâteau : elle doit ressortir sèche. Battez le lait concentré non sucré avec le lait concentré sucré, le lait, le rhum et la vanille. Versez cette préparation sur le gâteau dès sa sortie du four, sans le démouler. Laissez le gâteau refroidir et s'imprégner de la préparation aux trois laits, puis démoulez-le. Juste avant de servir, décorez le gâteau avec la crème Chantilly.

PIONONO DE DULCE DE LECHE GÂTEAU ROULÉ À LA CONFITURE DE LAIT (Pérou)

6 pers. **Préparation : 25 min Cuisson : 10 min**

4 œufs • 125 g de sucre • 125 g de farine • 500 g de confiture de lait • 150 g de sucre glace

Réalisation

Préchauffez le four à 200 °C (th. 6-7). Tamisez la farine. Séparez les blancs des jaunes d'œufs. Battez les jaunes avec le sucre jusqu'à ce que le mélange blanchisse et double de volume, puis incorporez la farine tamisée. Montez les blancs en neige ferme, puis incorporez-les délicatement à l'appareil précédent. Tapissez la plaque du four de papier sulfurisé, étalez-y la pâte et enfournez pour 7 à 10 minutes. Dès la sortie du four, démoulez le biscuit sur un torchon propre et humide, et décollez doucement la feuille de papier sulfurisée.

Roulez le biscuit sur lui-même, dans le sens de la longueur, avec le torchon. Déroulez le biscuit sur le plan de travail. Nappez-le avec la confiture de lait en vous aidant d'une spatule. Roulez le biscuit et laissez-le refroidir. Saupoudrez de sucre glace juste avant de servir.

PUDIM DE PAÕ
PUDDING BRÉSILIEN (Brésil)

6 pers. **Préparation : 30 min Cuisson : 50 min**

500 g de pain rassis • 200 g de sucre en poudre • 1 l de lait • 5 œufs • 30 g de beurre fondu + 20 g de beurre froid pour le moule • 3 cuil. à soupe de rhum • 1 cuil. à café d'extrait de vanille liquide • 1 cuil. à café de gingembre frais râpé • 1 cuil. à café de cannelle • 100 g de raisins secs

Réalisation

Préchauffez le four à 180 °C (th. 6). Faites macérer les raisins secs dans le rhum. Émiettez le pain. Battez les œufs avec le lait, le beurre fondu, le sucre, la vanille, le gingembre et la cannelle. Versez cette préparation sur le pain et laissez-le absorber le liquide. Ajoutez les raisins secs et le rhum, et malaxez le mélange avec vos mains. Versez la pâte dans un moule à manqué beurré, et enfournez pour 50 minutes. Vérifiez la cuisson en enfonçant la lame d'un couteau au centre du pudding : elle doit ressortir sèche. Démoulez le pudding sur une grille et laissez-le refroidir.

QUEQUE DE BANANO GÂTEAU DE BANANES (Costa Rica)

6 pers. **Préparation : 10 min Cuisson : 30 min**

5 bananes • 100 g de sucre • 50 g de beurre mou + 20 g de beurre froid pour le moule • 300 g de farine • 1 œuf • 1 sachet de sucre vanillé • 1 sachet de levure chimique

Réalisation

Préchauffez le four à 180 °C (th. 6). Réduisez les bananes en purée à l'aide d'une fourchette. Incorporez le sucre, le sucre vanillé, le beurre mou, la farine, la levure, puis l'œuf préalablement battu. Beurrez un moule à manqué de 24 cm de diamètre, et versez-y la pâte. Enfournez pour 30 minutes. Vérifiez la cuisson en enfonçant la lame d'un couteau au centre du gâteau : elle doit ressortir sèche. Démoulez sur une grille et laissez refroidir.

QUINDIM DE YAYÁ GÂTEAUX AUX ŒUFS ET À LA NOIX DE COCO (Brésil)

6 pers. **Préparation : 10 min Cuisson : 1 h**

250 g de noix de coco râpée • 250 g de sucre en poudre + 2 cuil. à soupe pour chemiser les ramequins • 30 g de beurre fondu + 20 g pour chemiser les ramequins • 3 œufs + 9 jaunes • 1 cuil. à café d'extrait de vanille liquide

Réalisation

Préchauffez le four à 180 °C (th. 6). Battez les jaunes d'œufs avec les œufs entiers. Incorporez le sucre en poudre, le beurre fondu, l'extrait de vanille liquide, puis la noix de coco râpée. Beurrez six ramequins puis parsemez-les de sucre en poudre. Retournez-les et tapotez-les pour retirer l'excédent de sucre. Versez l'appareil à la noix de coco dans les ramequins, et placez-les dans un bain-marie. Enfournez pour 1 heure. Laissez refroidir, puis démoulez. Servez les quindim de Yayá à température ambiante, ou froides.

INDEX DES RECETTES

LES COCKTAILS

LES ENTRÉES

LES SOUPES

LES VIANDES ET VOLAILLES

LES POISSONS ET FRUITS DE MER

LES ŒUFS

LES LÉGUMES ET ACCOMPAGNEMENTS

LES SAUCES

LES DESSERTS